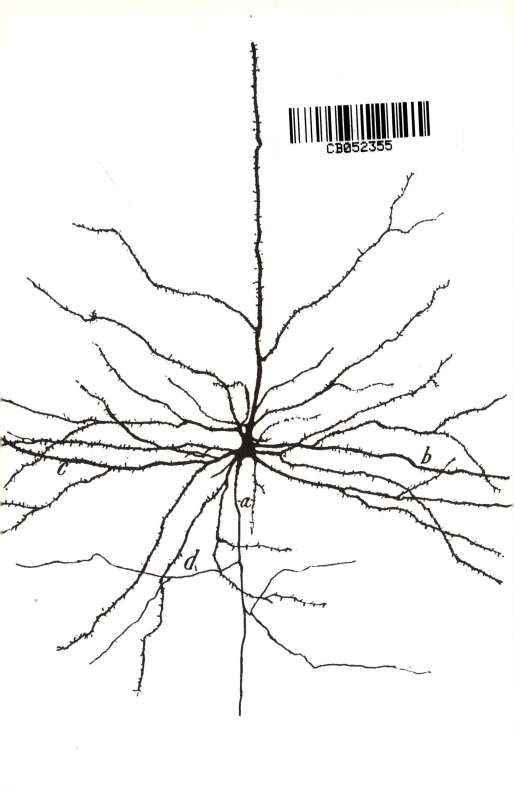

Sendas Edições
2021

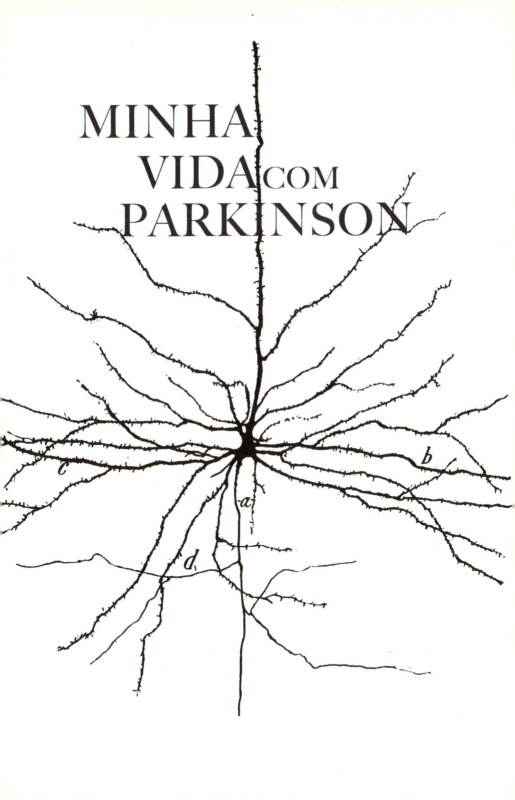

© 2021 Almira Arruda
Kotter Editorial
Direitos reservados e protegidos pela lei 9.601 de 19.02.1998.
É proibida a reprodução total ou parcial sem autorização,
por escrito, da editora.

coordenação editorial
Sálvio Nienkötter

editor executivo
Raul K Souza

editor-assistente
Cladecir de Oliveira Rocha

capa | projeto gráfico
Paula Villa Nova

produção
Cristiane Nienkötter

Revisão
Daniel Osiecki

Dados Internacionais de Catalogação na Publicação (CIP)
Angélica Llacqua CRB-8/7057

Arruda, Almira
Minha vida com Parkinson | Almira Arruda
Curitiba: Kotter Editorial, 2021.
196p.

ISBN 978-65-89624-41-7

1. Parkinson, Doença de - Pacientes - Biografia I. Título
"Minha Vida com Parkinson"

21-2055   CDD 926.16833

Kotter Editorial
Rua das Cerejeiras, 194
82700-510 | Curitiba/PR
+55 41 3585-5161
www.kotter.com.br | contato@kotter.com.br

1ª edição
2021

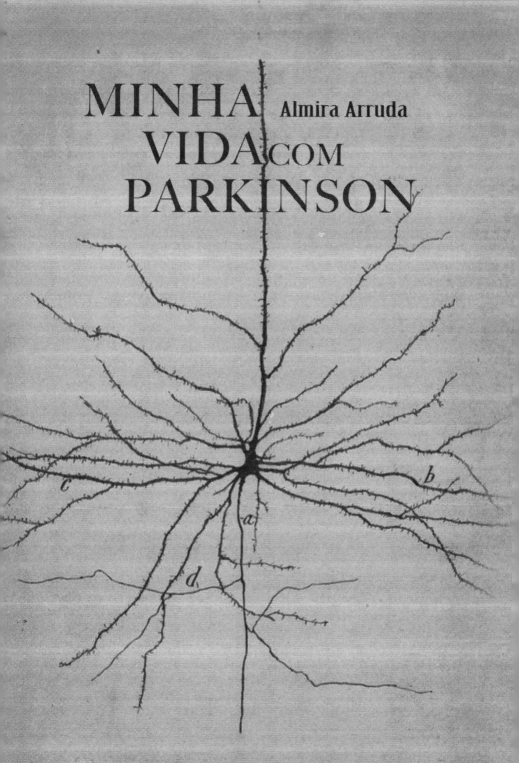

SUMÁRIO

11	Apresentação
13	Prólogo
17	Dificuldades Diárias
19	Escrita
21	Preocupações
25	O Vazio do Luto
29	Os que fizeram a grande viagem
31	Silêncio
33	As ilhas
37	Sem medo de viver sem medicação
41	Minha Depressão
45	Balde de água fria
49	Os sonhos
53	Fala-se tanto em religiosidade
55	Crise
59	Preocupações com o Parkinson
61	Desabafo
65	A imagem do outro

69	Em que mundo estou?
75	Tai chi em minha vida
79	Quando fiz a travessia do ela/nós para o eu.
83	A procura do pó do pirlimpimpim.
87	Agradecer
89	Muito engraçado
91	O surgimento de mais uma flor no jardim da minha existência
95	Lei para a morte
99	Dúvidas
101	Repouso
103	Apresentação
107	Assunto complicado
111	A Psicanálise em minha vida
115	Hobby ou terapia ocupacional
117	Leis
121	O Corpo
125	As Dores
129	Coisa Precoces

131	Tempo Seco
133	O último texto
135	Balaio
139	Mal de Parkinson
141	Conto de Fada
143	Relacionamento
149	Solidão
153	As mensagens enviadas pelo cérebro
157	Medo
161	Carlos Pato
163	Ser Especial
167	Os benefícios da academia para os parkinsonianos.
171	Padrinho do Livro
175	Antena
179	Ida ao Médico
183	Entre o medo e a esperança
187	O não aceitar
191	Leitor
193	Referências

Apresentação

Almira foi minha aluna na faculdade, no curso de Pedagogia. Sempre me orgulho de minhas alunas que são dedicadas, que leem, que se dedicam ao pensamento crítico, que não se entregam às mazelas da vida, porque são guerreiras. Almira é uma dessas. Inesquecível em muitos pontos. Foi uma surpresa quando me procurou para revisar o seu livro. Mais surpresa ainda saber que ela tem a Doença de Parkinson. Aceitei o desafio, é claro. Mas foi somente quando a vi, para uma primeira conversa cara a cara, é que percebi quão guerreira ela é. Forte, determinada, dona do seu próprio destino. Foi com este pensamento que comecei a revisar este texto. Com ele, ri, chorei, me emocionei. Este livro é mais do que um desabafo, é uma lição de vida.

Recomendo que leia não com os olhos, mas com o coração.

Flávia Cristina de Sousa
(Professora e Revisora)

Prólogo

Caro leitor, cara leitora, convido vocês a percorrer comigo a minha história. Este livro não é uma autobiografia, pelo menos daquelas em que o biografado cria uma imagem irreal de si próprio. Este livro conta a história que, a cada amanhecer, uma nova luta é travada contra o Parkinson.

Alguns dos textos que compõem o livro não foram fáceis de escrever. Alguns são muito pessoais e carregam minhas alegrias, tristezas, memórias, esperança, ilusões, ou seja, todos os textos são povoados por experiências relacionadas ao Parkinson. Confesso também que alguns fatos se repetem em diferentes capítulos. Depois que os reli, resolvi deixá-los assim mesmo, afinal, tentei ser o mais fiel possível aos meus sentimentos de cada momento. Perdoem-me por isso, mas, espero, do fundo do meu coração, que após cada capítulo, um pouco do meu sentimento e verdade sejam introduzidos assim como eu os senti e validei.

A doença de Parkinson é uma doença progressiva e degenerativa que afeta principalmente o cérebro, caracterizada por tremores, dificuldade para se movimentar e prejuízos na coordenação motora. Aqui eu quero deixar explícito como é a realidade de uma pessoa que é acometida com o Parkinson. Talvez vocês considerem, em muitos momentos, que o tom utilizado é um tanto melancólico, mas acreditem, estou sendo fiel ao que vivo em meu cotidiano, sem fantasias ou com intenção de soar como uma romancista.

No desejo de ser fiel ao meu objetivo, me aprofundei em pesquisas e literatura de várias fontes. A cada pesquisa foi um novo aprendizado, sofrimento e crescimento. Foi necessário construir e desconstruir mitos, inverdades e lendas que carreguei intensamente. O leigo, geralmente, conhece muito pouco de uma doença. A outra parte do saber fica por conta de especialistas e estudiosos do assunto. Alguns acreditam saber tanto que se assemelham a "semideuses" (posso afirmar que alguns, em sua arrogância, acreditam saber tudo).

A cada crendice ou achismo que se desfazia diante de fontes científicas sérias, inicialmente ficava um vazio. Cada página que segue foi escrita sob a ótica do meu pensar, da minha crítica ao meu tratamento. A DP (doença de Parkinson) me deixou com várias marcas, deixando minha vida, aos poucos, cada vez mais fugaz, retirando minha mobilidade, trazendo lentidão e me empurrando para a aposentadoria não desejada.

Há meses que enfrento diariamente inúmeras situações buscando reverter este estado em que me encontro. Declaro aqui um sofrimento sem igual, fraquezas físicas, tanto que às vezes penso que meus músculos vão ser retirados dos ossos e jogados ao chão.

Hoje, questiono: O QUE É VIVER?

Espero que essa pergunta seja respondida. Naturalmente apresento-lhes a minha óptica que, acredito eu, é de uma massa de pacientes parkinsonianos.

Goiânia,
23 de janeiro de 2018.

Dificuldades Diárias

Faz algum tempo que não tenho disposição para escrever. Da mesma forma que estou sem muita vontade de ir à igreja. Naturalmente que por motivos diferentes. Apesar dessa diferença, ambas as situações me deixam, de certa forma, constrangida. Tem momentos que procuro reagir com humor; em outros não consigo.

Vamos aos fatos: quando a missa se aproxima do fim, chega o momento do Pai Nosso e do abraço da paz. Estes minutos, para mim, são de dúvida, curiosidade e até mesmo de chateação. Quase sempre tenho de me sentar antes do marido ou de um dos dois filhos, pois, se me sento junto a um estranho e chega o momento de participar do Pai Nosso, seguido pelo abraço da paz, onde costuma-se dar as mãos, e se um estranho segura a minha mão e de imediato percebe o tremor: a) vira o rosto para mim e dá um sorriso sem graça; b) vira-se para mim, sorri e vai soltando a minha mão bem devagarinho; ou c) a pessoa segura minha mão, percebe o tremor, mas não se vira para me olhar, porém passa a apertá-la e o tremor aumenta, e ela aperta mais e mais até o momento do fim da oração.

O tremor é involuntário para quem tem Parkinson. Quando estou medicada, os tremores não são visíveis para mim, mas possivelmente para os outros. É tão constrangedor para o estranho quanto para mim, e eu me sinto profundamente tentada a questionar o porquê de apertar a minha mão.

Acredito que a única pessoa que fazia a mesma coisa ao ver meu polegar ou mão tremer, era minha mãe. Ela dizia assim: "Você não nasceu assim, tem de cessar".

No dia a dia, acontece sempre uma coisinha aqui, outra ali. Muitas vezes é uma simples observação sobre como estou andando, a postura dos braços e outros detalhes mínimos

Goiânia,
20 de abril de 2018.

Escrita

Viajei para Umuarama, no interior do Paraná. Lá pude refletir muito sobre o grande sonho de minha vida: escrever. Estou escrevendo um livro. Uma das minhas dificuldades é saber separar o que é exclusivo da doença de Parkinson e o que vai além de minhas dificuldades. Quero publicar meu livro, porém isso me aflige muito, pois acredito que as chances de publicação serão restritas a auxílios de universidades ou projetos governamentais. Uma de minhas preocupações é sobre a comercialização e distribuição do livro impresso.
    Quando se trata de demonstrar o que faço na vida, em termo de artesanato, ou de qualquer outra coisa, sou muito

insegura. Tendo isso em mente, comecei a perguntar às pessoas mais próximas se elas comprariam o meu livro. Apesar de respostas positivas, ainda não cessa minha insegurança.

Umuarama,
25 de abril de 2018.

Preocupações

Tenho observado que os meus primos, primas e minha tia se preocupam com minha saúde, quer dizer, com a DP. Dizer que "Estou bem, graças a Deus" é um chavão que todos gostariam de ouvir nestas poucas horas em que não estou tremendo. Estou medicada, mas tenho certeza de que os remédios não inibem nem param a doença, apenas me deixam mais sociável e sem chamar atenção por causa dos tremores.

Fui a Umuarama para festejar o aniversário de 90 anos de minha tia Margarida, que será dia primeiro de maio. Esta festa vai ser um encontro de muitas pessoas: minha querida tia Margarida, mãe de 15 filhos. Ela perdeu quatro filhos, e

dentre os que sobreviveram, um deles é meu marido. O chique é que sou sobrinha e nora da Dona Margarida!
    Sendo nora e sobrinha, usufruo de alguns privilégios. É realmente muito bom estar junto dela. Vamos aos acontecimentos. Temos memória afetiva do período da infância e adolescência; juntas, decidimos reviver certos pratos, iguarias que fazem um *"remember"*: primeiramente, BUCHO BOVINO; em segundo, MOCOTÓ; em terceiro lugar, LÍNGUA E VÁRIOS TIPO DE TAPIOCA. Fechou. Estes pratos finos causam repulsa na nova geração, pouco ou nada afeita a essa culinária. Confesso que nestas ocasiões esqueço de tomar todas as doses de minha medicação. Nestes tipos de reunião familiar, quase sempre há desentendimentos. No meu caso não foi, necessariamente, um desentendimento, mas um grande mal-estar. A DP. Descuidei das medicações e as dores me levaram a me retirar da festa. Foi muito difícil, pois gosto de comer; o churrasco continuou normalmente, a melhor das comidas, muita gente querida. Mas o mais dolorido é o dia de hoje: minha amada tia faleceu, 10 meses depois.
    Não gosto muito de detalhar as reações que sinto quando não estou medicada. A DP chega a ser cruel. Eu digo para parar de tremer, mas não para. Chega a ser muito intrigante: sentir os seus órgãos tremendo e o cérebro mandando mensagens para que eles parem de fazer o movimento. Mas nada se aquieta.

    Esta é a parte que mais me preocupa nessa doença, o fato de ela estar profundamente ligada ao emocional. No meu íntimo, havia algumas coisas que me deixavam bastante frágil.

Tudo na vida tem dois lados, não há uma fórmula pronta ou o pó do "pirlimpimpim". De maneira alguma a percepção de que seu estômago e vários outros órgãos estão tremendo é boa. Sei que parecerá estranho para uma pessoa pensar nessa situação ao ler meu relato, mas garanto que é horrível sentir meu coração batendo e tremendo ao mesmo tempo.

Goiânia,
26 de maio de 2018.

O Vazio do Luto

A ideia é escrever textos e organizar uma coletânea que seja suficiente para formar um livro. Já penso nesta frase como o título do livro: COMO EU FUNCIONO.
    A epígrafe será um aforismo de Pablo Neruda: "Escrever é fácil: começa com letra maiúscula e termina com o ponto final. No meio, colocam-se as ideias".

    Hoje escrevo sobre a dificuldade de ser fiel ao propósito do livro. Estou neste dilema desde o dia primeiro de maio: como ser firme em meu propósito de falar exclusivamente só da DP.

O Parkinson tem presença tão clara e opressora em minha vida, que fica quase impossível isolá-lo. Porém, permite que eu possa analisar minha própria vida de forma mais sistemática. Há quase dois anos que minha querida mãe faleceu e ainda choro muito só de pensar nela; e o Parkinson se evidencia neste momento. Aí se revela um dos dilemas desta minha proposta de escrever, e esta simbiose entre luto e Parkinson não tem sido nada fácil.

O luto é a vontade de encontrar o que se perdeu, porém nunca se encontra a pessoa que se foi, apenas um vazio, o sentido pleno de estar só de todos os lados. É uma ferida que não cicatriza jamais, não existe ansiolítico que o interrompa. Vejo agora que a maior decisão de minha vida foi à beira da sepultura de minha mãe. Ali, talvez, eu tenha entendido a frase atribuída a Jesus: "Pega a tua cruz e me segue". Em muitos textos que leio, espero que o fim não seja necessariamente a morte. Sinta o dilema que vivo: de um lado, o dobro do vazio; do outro, a dor do desconhecido. É um duplo sentimento que se confunde por não haver futuro para quem tem Parkinson. Com isso, é o fim da certeza de que a medicação bloqueia a evolução da doença. Mesmo sabendo que é muito difícil barrar a doença, tinha uma meta a cumprir. Vislumbrava dias melhores.

Agora, sem o estímulo da ilusão, tudo é chato, sem sentido, com aparências desnecessárias de luta e de caminho para seguir. A terrível inevitabilidade da morte não dá mais medo. O medo agora é de como morrer.

Com o passar dos dias vejo mais uma faceta deste dilema a refletir em meu corpo. Sinto que estou muito gorda. É triste chegar à conclusão de que até neste momento a doença se faz presente. Isso se deve ao fato de o medicamento abrir o apetite de uma fome forte, o que é muito ruim quando não há força suficiente para resistir a tentação e não comer.

Goiânia,
18 de junho de 2018.

Os que fizeram a grande viagem

Gostaria que tivéssemos a ajuda dos que já partiram, dos que já fizeram a grande viagem, que realmente pudessem interferir na realidade (para melhor, naturalmente) dos que ficaram por aqui.

Não pediria nada ao estudioso dos tremores que deu nome à doença de Parkinson, nem à minha querida mãe ou outra pessoa qualquer. Com certeza invocaria Ariano Suassuna, Sérgio Porto, que usou o pseudônimo de Stanislaw Ponte Preta, Aluízio Azevedo, Lima Barreto, Jorge Amado e Millôr Fernandes, para que eu chegasse ao patamar de escrita que pretendo, que tivesse um vislumbre de uma realidade clara e profunda, além de repleta de humor. Caso acontecesse esta ajudinha destes grandes nomes de nossa literatura, eu construiria grandes textos e não fugiria do tema sobre como sinto e percebo a DP. Seria um livro real e com muito humor, mas tenho certeza de que não há este tipo de ajuda.

Ao reler alguns de meus textos, vejo que estão carregados de tristeza e amargura, não vejo outros sentimentos. Descobri que nestes últimos tempos, o que fiz foi escrever e reler sobre os problemas que tenho. É uma espécie de terapia. Ao expor sobre o Parkinson, vou entendendo mais sobre meu corpo e sobre as marcas que a doença tem se esforçado em imprimir em mim.

> Tinha que ser examinado pelo Henrique Roxo. Há quatro anos, nós nos conhecemos. É bem curioso esse Roxo. Ele me parece inteligente, estudioso, honesto; mas não sei por que não simpatizo com ele. Ele me parece desses médicos brasileiros imbuídos de um ar de certeza de sua arte, desdenhando inteiramente toda a outra atividade intelectual que não a sua e pouco capaz de examinar o fato por si. Acho-o muito livresco e pouco interessado em descobrir, em levantar um pouco o véu do mistério — que mistério! — que há na especialidade que professa. Lê os livros, mas não lê a natureza. Não tenho por ele antipatia; mas nada me atrai nele. (Lima Barreto, 2017).

Tenho muita afinidade com este fragmento de Lima Barreto, pois consigo ver o mesmo sentimento de entender o que é melhor para nossa doença e consciência.

Goiânia,
27 de outubro de 2018.

Silêncio

Nesta semana que passou aproveitei bastante o silêncio. Não foi um silêncio sepulcral, tampouco dos conventos e muito menos das decisões, mas um período de reflexão. Como doente crônica, vivo em constante aprendizado. Primeiro, buscar caminhos para me manter bem; segundo, não permitir que meu autoconhecimento receba muita interferência de outros. Este filtro é o que me traz novo sentido à luta.

Toda vez que leio um texto sobre DP, de imediato tenho vontade de largar. Mas sempre insisto: será que tem realmente algo de novo e que não chegou até mim, ou é só mais literatura de especialista?

Quando a leitura é chata e repetitiva, sempre me vem à mente o que Franz Kafka sentia e pensava ao escrever *O processo*. Não sei explicar muito esta relação entre o livro e as minhas conclusões, porém eu sinto a mesma atmosfera absurda da trama. Nunca considerei a leitura de Kafka chata ou enfadonha, mas quando se trata de saúde pública no Brasil, o paciente vê, hora após hora, sua saúde ser roubada em um processo que todos conhecem, inclusive o próprio paciente.

Hoje, como doente, tenho pensado se o personagem de Kafka foi condenado por não concordar com a sociedade. Sigo este pensamento em relação à saúde: não prender quem a rouba, mas fazer com que seja feita a devolução do dinheiro roubado. Pensem: do que nos serve a prisão dos que roubam os cofres públicos? Eu necessito de atendimento e de informações corretas sobre os meus direitos.

Abro aqui parênteses para contar uma piadinha. Ao final de uma das muitas consultas, certo neurologista precisou o tempo que fui diagnosticada com Parkinson. Ele se aproximou o suficiente de seu colega, olhou para mim, imaginou que eu não ouvia o que ele dizia, mas eu ouvi. Ele disse: "ela já tem direito à cirurgia". Entenderam, leitores? Imagino que sim, para a tristeza de muitos.

Tremembé,
04 de março de 2019.

As ilhas

Escrevo sobre as cores do carnaval e suas sublimes alegorias que tanto alegram os olhos dos artesãos. O fim do período carnavalesco no Brasil, pode-se dizer, que equivale à depressão pós-parto – os desafortunados da nação, principalmente os do eixo Rio-SP.
    Uso uma analogia para me referir a certos momentos de minha vida. Certas imagens que vejo agora dentro de mim, são como ilhas. Ilha-mãe de filho adulto, ilha-esposa com certo tempo de casamento. Agora, a ilha que vou desenvolver, a bela e afundada ilha-doença crônica. Em toda porção de terra cercada por todos os lados e distante do continente, é normal

que tenha um animal perigoso que vive ali. Na metafórica ilha-doença crônica, o animal violento são as receitas, a dificuldade de locomoção e até a terra firme dos médicos. Talvez muitas pessoas não entendam o porquê destas comparações, mas é uma simples forma de expor minha ira para com a DP.

Quando eu tinha oito anos, estava passando um tempo na capital da Paraíba. É um lugar que me traz muitas lembranças boas. Encontrava-me sentada no primeiro banco do lado esquerdo da igreja Nossa Senhora das Graças; igreja simples, mas sempre me fazia pensar na vida e em meus questionamentos. Absorta nos meus devaneios, não percebi o padre sentar-se ao meu lado e perguntar:

— "Minha filha, sabe ler?".

Primeiro o susto, depois a resposta:

— "Sim".

Então ele disse:

— Faça a primeira leitura da missa de hoje.

Nunca tinha lido em público. Com receio, fiz a leitura e até hoje não sei direito como me saí. Nunca me esqueci daquela missa. Não pela leitura que fiz, mas pelo evangelho daquele dia . "Eu vim para que todos tenham vida, e vida em abundância". O padre fez uma homilia fantástica que lembro até hoje. Uma das minhas reflexões é: por que nós somos pobres? Com as explicações da missa, adotei um lema para minha vida, partindo do seguinte ponto: "Se sou filha de Deus, e este Pai nos deixou uma vida de abundância, e se eu e minha família vivíamos na pobreza, quem estava com minha parte desta fortuna?". Faço-me essa pergunta até hoje. Está aí, acredito eu, a fonte de minha resistência.

Cheguei à ilha da DP há vários anos, mas apenas há aproximadamente dois anos que percebo que a primeira semana de cada mês é dedicada a ela. Não estou levando em consideração os exercícios físicos realizados todos os dias e tantos outros detalhes menos relevantes.

Vou pular a ilha dos filhos adultos e vou para a outra. Ao refletir sobre o amor, a atração entre duas pessoas, nunca pensei que, por ser mulher, tinha de ser tratada de forma distinta. Por mais que tenha sofrido abandono, traições, mentiras, submissão, ou seja, experimentei todos os tipos de reações.

No fundo, vejo com tristeza a véspera do Dia Internacional da Mulher. De verdade, tenho sofrido por entender, embora não aceite, esta forma de viver. A sociedade me obriga a acatar este modo de relacionamento, então estabelece a ilha. Ele se fecha no modo de ser homem, eu, na revolta por meu ser, clamo por liberdade. A intensidade do fogo da paixão, que muito aquece o meu corpo e alma, carece de afeto. Na ilha-casamento a relação amorosa é quase um ato frio. Curioso é que este companheiro se torna cuidador, contradizendo o maior dos filósofos, Platão, que acreditava neste tipo de casamento: "Deixe o seu companheiro modificar você".

Tremembé,
14 de março de 2019.

Sem medo de viver sem medicação

Satisfiz minha curiosidade, e a forma como isso aconteceu foi muito bom. Levei muitos anos para entender que a pessoa com Parkinson sou eu e que esta doença é pouco entendida e muito menos explicada em sua dimensão. Sou eu que devo dizer sim e não. Como assim? Todo Parkinsoniano, no fundo, é tratado pelo corpo clínico – refiro-me aos trabalhadores da saúde, desde os PHDs em Medicina ao balconista da farmácia da esquina. Eles nos veem como "deficientes mentais sem uma nomeação definida", porque já sabem que tudo o que se refere à DP está ligado aos tremores, que é apenas um dos muitos sintomas!

Além do desejo de me ver da forma mais real possível, também aconteceu de vir para Tremembé. Há um mês estou hospedada em casa de primos muito bacanas. Óbvio que tinha de adquirir a medicação para o mês; só para a DP são três: o carro chefe, Prolopa BD; Cinetol; e o Akineton, discloridrato de pramipexol e também se compra Sifrol. Minha primeira dificuldade para compra da medicação foi que minhas receitas eram de Goiânia e, sendo a cidade pequena, o que se fala em uma farmácia, as outras repetem. Ou seja, os farmacêuticos me disseram que não poderiam me vender porque a receita era de outro estado. Orientaram-me a ir ao posto de saúde e solicitar a troca de receita. Argumentei, que era um caso muito específico, uma emergência, mas não adiantou.

Sem alternativa, fui ao posto de saúde. O atendente do posto de saúde me mandou de volta para a farmácia, agora indicada por ele. Lá chegando, o farmacêutico me disse a mesma coisa: eu deveria voltar para o posto de saúde para a troca de receita. Eu já passei milhares de vezes por muitos tipos de problemas com a receita. Solicitei ao atendente que carimbasse o verso da receita para que, quando eu estivesse no posto de saúde, eles tivessem certeza de que estive na farmácia. O dia chegou ao fim.

No dia seguinte comecei bem cedo a via sacra. No mesmo posto de saúde passou a ser divertida a feição dos atendentes por não saberem o que fazer e como resolver meu caso. Uma simples troca de receitas. Disse a mim mesma: "não fique constrangida, irritada ou indignada. Parta para a ironia e diversão". Levou muito tempo até chegarem à conclusão de que era necessária uma consulta com o clínico geral. O médico não gostou nada, portanto me ofertou uma aula de Constituição Brasileira, sobre os muitos direitos dos portadores de deficiência mental. Devolveu-me as minhas receitas de Goiânia e prescreveu as que eu precisava. Recomendou que eu chamasse a polícia ou a imprensa caso passasse pela mesma situação novamente.

Já com as novas receitas, os atendentes me orientaram que fosse à farmácia do posto e verificar se havia algum medicamento disponível. Aconteceu algo inédito, encontrei o medicamento Akineton, que sempre comprei, disponível no SUS. Comprei o Prolopa BD também. Mesmo tendo cadastro na Rede Popular do Governo Federal, sempre compro em Goiânia acima de 20 Reais. Aqui, comprei pelo valor de R$4,30. O preço do Pramipexol nas farmácias daqui varia de R$149,80 até R$198,90. Este é o que pego pelo Estado de Goiás, distribuído pelo Juarez Barbosa. Como estou viajando, meu filho tem autorização para me representar e pegar o remédio na entidade. Cheguei à conclusão que não se justificaria pagar tão caro por um medicamento se, em minha residência em Goiânia, meu filho já havia recebido. Depois descobri que os valores dos correios, principalmente pelo Sedex, eram absurdos. Optei que ele me enviasse o medicamento mais caro por uma carta simples assegurada. Segundo os correios, este tipo de carta chega ao destinatário de 8 a 15 dias úteis.

Usei a desculpa da demora dos correios para me ver sem o Akineton e Pramipexol. Durante os 15 dias de abstinência dos dois remédios, não sofri alterações emocionais nem de memória, mas motoras sim. Caminho muito lentamente por decorrência de um enrijecimento mais sério do que aparenta. Os tremores estão bem visíveis.

Testei muitas coisas, inclusive direção de automóvel. Fui ao centro da cidade de Tremembé e, ao chegar ao banco com minha prima, eu estava tremendo e um senhor ficou me olhando e comparando seu tremor ao meu. Em seguida cedeu-me o lugar na fila. Aceitei no intuito de ver mais, mas o senhor limitou-se a continuar me observando e tive vontade de questioná-lo, mas achei divertida a conclusão de ceder-me seu lugar e esperei para ver se ele, de alguma forma, me deixaria perceber algo mais sobre os seus pensamentos a respeito de meus tremores. Foi muito significativo aquele olhar comparativo.

Sempre me incomodou e, ainda incomoda, o enrijecimento causado pela lentidão e outras coisas nada boas. Dos muitos pensamentos durante o período sem os dois medicamentos, não vi nada de muito especial além do já esperado, ou seja, no campo emocional, uma certa liberdade com relação à medicação. Passei a me preocupar mais com os órgãos que recebem esta carga de substâncias, como rins, fígado e outros. A medicação chegou depois de dez dias e só então voltei à "normalidade". Mas a desilusão não mudou. Agora sei que esperança não se constrói, mas fantasia-se.

Tremembé,
20 de março de 2019.

Minha Depressão

Vi uma reportagem na TV Vanguarda, afiliada da rede Globo, em que "uma enorme parcela da sociedade tem ou terá depressão". Lembrei-me de que quase todos os médicos e os poucos psicólogos pelos quais passei me diziam a mesma coisa. "Você tem depressão crônica". Se estes profissionais tinham determinada crença, a situação só piorava. Isto só veio mudar de conceito muitos anos depois.

Encontrei uma psicanalista a quem pedi ajuda psicológica e fui prontamente atendida. Conforme as sessões evoluíam, pude entender que o famoso diagnóstico de depressão não passa de uma maneira de deixar as pessoas "funcionáveis" para a sociedade, sem cara de choro, sem lamúrias, sem dúvidas, sem enfrentamentos, sem medo e dopadas de remédios químicos. Nunca me ofereceram um chá exclusivo para depressão. Agora entendo o conceito de depressão, ou seja, você vive uma situação destruidora não importando em qual fase da vida. São simples fatos naturais que se sucedem.

Todos os sofrimentos internos são difíceis. Isto nos leva à vontade de não levantar e outras características da doença. O diferencial entre refletir sobre este estado de dor tremenda e a decisão de se medicar, é o que fazer deste sofrimento e de outros que doem ainda mais. É profunda a certeza da ruptura com todas as ilusões de possíveis soluções favoráveis e ter certeza das opiniões das pessoas que nos cercam, por exemplo, "se ela levantasse, se não se entregasse, tem preguiça", e por aí vai.

Durante toda minha vida, acredito que desde a mais tenra idade, fui exposta a sofrimentos muito pesados para cada fase que passei. Pensei em citar alguns destes sofrimentos, mas lembrei que sofrimento é tão íntimo e particular que não se compara o de uma pessoa com o de outra. No meu caso sempre procurei uma cura definitiva, consciente de que não é uma solução via medicação. Portanto, ponho-me à procura. Meu primeiro apoio é a leitura, as opiniões, científicas ou não, profissionais ou não.

Ao ter acesso a uma pequena parte de um texto de Michel Foucault, vi algo que nunca tinha me ocorrido antes. Neste fragmento, o filósofo diz que "se os psiquiatras conversassem mais com seus pacientes, tomariam menos remédios." Eu penso o mesmo, porque os profissionais da saúde só nos dão um diagnóstico, receitam e soltam o paciente sem nem uma explicação que o ajude a entender sua nova realidade. Observei uma certa afinidade com a escrita do autor, pois ele defendia sua opinião em relação à sua própria doença (epilepsia). Franz Kafka, a este tive mais acesso, li tudo o que pude. Compreendi claramente "Carta ao meu Pai" e "Metamorfose", depois de ler e reler.

> Tu me perguntaste recentemente por que afirmo ter medo de ti. Eu não soube, como de costume, o que te responder em parte porque existem tantos detalhes na justificativa desse medo que eu não poderia reuni-los no ato de falar de modo mais ou menos coerente (KAFKA, 1997).

O medo do dia em que darei o último respiro simplesmente me apavora, mesmo antes do diagnóstico da DP. O medo ficou pior com o laudo. Há aproximadamente 10 anos tenho uma doença degenerativa. Nenhum médico fala como acontece a evolução da deterioração da massa cinzenta. O medo do autor é da representação da figura do pai, o meu é de como se dá esta degeneração.

Vejo no livro "Metamorfose" novo paralelo que se dá no âmbito da sociedade. Acontece muito no ciclo dos vizinhos, amigos e parentes distantes. Assim, ao perceberem o tremor, logo preocupados em me ajudar, perguntam o que tenho. Ao ouvir que é Parkinson, respondem, sem a menor análise da situação, que Parkinson não mata. Em seguida veem a diferença no corpo.

"Numa manhã, ao despertar de sonhos inquietantes, Gregor Samsa deu por si na cama transformado num gigante inseto. Estava deitado sobre o dorso, tão duro que parecia revestido de metal" (KAFKA, 1997).

Abro aqui um parêntese no célebre livro "Metamorfose". Eu havia feito inconscientemente a escolha de apropriar-me da minha DP e lutar. Cheguei ao fim deste texto com uma certeza que me acompanha há muito tempo, que é o fato de que não sei lidar com o "não" sem uma justificativa, porque tenho de aceitar muitas coisas arbitrariamente por não ter uma resposta plausível da sociedade. Não vejo a necessidade de aceitar a doença de Parkinson se realmente não a possuo. Agora é que entendi por que sou tão chorona: é a forma encontrada por mim de externar aquilo que não sei fazer. Indique-me um caminho.

Tremembé,
09 de abril de 2019.

Balde de água fria

Depois de vários anos dependendo da medicação por ser doente crônica de DP, desenvolvi uma espécie de vigilância a tudo que pudesse retardar o processo da degeneração da massa cinzenta. Eu recebi o diagnóstico da DP como se fosse uma condenação à morte e, de fato, o é. Já ouvi e deixei de ouvir muitas falas e li muitos artigos científicos. O Google, por um certo período, foi meu livro de cabeceira, então decidi lutar para que eu garantisse a chegada da velhice e tudo que esta fase de vida traz. O que me preocupa não é a parte explícita: rugas, cabelos brancos, troca de odor e algumas outras coisas ligadas à estética.

A real preocupação é como vou morrer. Durante muito tempo pensei como seria meu encontro com Deus, mas pulando a morte. Durante dez anos acompanhei e auxiliei pacientes com Alzheimer, e pude observar a degradação humana até o estágio final. O sofrimento é desumano.

Retomando o assunto, decidi que lutaria enquanto pudesse e tivesse forças e, na verdade, já estou lutando para que, na velhice, eu tenha independência. Muitos falam que a doença de Parkinson é diferente da doença de Alzheimer. Eu acredito que no fim da velhice, ambas têm muito em comum. Por quê? Em ambas o cérebro volta à origem animal e a partir desse momento nos esquecemos de tudo, inclusive de questões mais básicas.

Repleta destas informações, fui à luta sem medir esforços. Pratiquei exercícios físicos, exercícios mentais, *hobbies*. Para mim, extremamente munida de informações, me tornei escrava da DP, mas sempre com a ilusão de que nos tempos mais avançados da velhice, seria premiada com a independência. Porém, no dia 28 de janeiro de 2019, a luta para manter esta escravidão rígida, toda abdicação, enfim, toda a minha ilusão ou esperança veio por água abaixo através de uma pergunta feita por mim à neurologista, e que me atendeu na data acima. Alguns médicos, quando em orientação aos familiares de doentes crônicos, fazem uma divisão de tarefas atribuídas a Deus, a parte dos profissionais da saúde e, lógico, a do cuidador familiar. Deixando bem claro que um jamais fará a parte do outro. Neste dia, ao perguntar à médica que me atendeu qual seria a opinião dela sobre meu tratamento da DP e sobre como eu estava, já que eu estava fazendo muitos esforços, ela respondeu com uma frase:

"nenhuma". Simples assim. Ainda tentei dialogar, discutir, tentei ver uma forma de manter um único fio de esperança. Ela, percebendo minha desilusão, me disse, "Olha, Parkinson é uma doença degenerativa, e por esta razão vou fazer o caminho natural da DP".

Tremembé,
16 de abril de 2019.

Os sonhos

Desde muito criança os meus sonhos já me causavam medo. Isto eu entendia. Sendo uma menina medrosa, pensava que quando crescesse tudo estaria esclarecido e resolvido.

Na pré-adolescência ouvia muito rádio, e frequentemente entrava em contato com as emissoras de minha cidade. Data deste período minha ansiedade para interpretar meus sonhos. Nesta fase da vida, ainda era comum os vizinhos visitarem-se uns aos outros. Sempre aparecia algum vizinho em nossa casa, se é que podia se chamar de casa – mas não vem ao caso. Eu, conhecedora de minha coragem, ficava escutando as histórias. Na primeira história, o demo que incorporou em alguém, depois, o acordo feito para ficar muito rico, os encantados, essas lendas eram do tipo em que uma pessoa ia andando por certa região e, de repente sumia. Mas as campeãs eram as casas mal-assombradas. Quando chegava nas últimas, minha coragem já havia desaparecido há muito. Se alguém falasse para eu sair de casa ou ir dormir, nem pensar. Eu só dormia quando estava vencida pelo sono.

Voltando ao assunto do rádio, acredito que já com 8 anos, havia na rádio, não me recordo qual o programa, um astrólogo chamado Omar Cardoso, que comandava duas horas de programação só falando e interpretando sonhos através dos signos. Também data deste período minhas impressões sobre mim mesma, de que eu era estranha. Vi muitas pessoas acreditarem nas palavras daquele homem. Seus argumentos sobre sonhos nunca me convenceram, quer dizer, sempre o considerei um charlatão.

Nesse período me esforcei muito para vislumbrar algo de espiritual, ou não material, ou metafísico, que seja, mas não adiantou muito. A Bíblia me deu um bom alento, delimitando os períodos de sonhos, os quais chamo de reais.

Quando o tratamento da DP começou como a Dr[a]. Anne, ela me receitou um medicamento que deveria usar por uma semana, depois eu voltaria e, juntas, ajustaríamos a dose. Durante esta semana, fiz uso do Sifrol. Esta experiência, para mim, não tinha valido nada, eu continuava com as mesmas dores periféricas.

Ao retornar à consulta de ajuste, ela perguntou se eu havia comprado ou jogado na loteria, jogo do bicho. Então entendi: o medicamento para o paciente de DP causa compulsão. Contei que fora do regular, só havia um sonho muito engraçado: "Eu havia corrido, por vários minutos, de um biscoito. Durante a fuga, registrei o sentimento de medo." Ao acordar, dei uma boa gargalhada. Ela não me explicou que estes tipos de sonhos iriam se agravar. Ao ler sobre a compulsão causada pelos remédios, deparo-me com um esclarecimento muito útil em minha caminhada. Soube que teria sonhos constrangedores. Não ficou claro para mim como nomeá-los, só confirmo as leituras.

Por exemplo, já chutei a parede em sonho que, para mim, é real, e neste momento estava em luta corporal com um ladrão. Outro sonho muito recorrente é eu estar lutando com um suposto tarado e o nível de realidade aumenta muito. Por diversas vezes já gritei à noite, chutei o marido, parede, quebrei a tela do celular com um soco. Ontem, no café da manhã, me contaram que tive um pesadelo em que eu estava resolvendo um problema no cérebro e dei dois tiros.

Todos os outros sonhos, de certa forma, pareciam reais, e eu conseguia identificar os sentimentos, as ações e acordava. Deste, ao amanhecer do dia 15 de abril, não me lembro. Já li muito sobre o fato de que as pessoas portadoras de DP têm este tipo de sonho.

Tremembé,
23 de abril de 2019.

Fala-se tanto em religiosidade

Nunca ouvi falar tanto em Deus, em Cristo quanto aqui em Tremembé. Se ligo a TV, boa parte dos canais, abertos ou fechados, são majoritariamente religiosos de várias denominações. Não vivi o tempo em que as pessoas não tinham ouvido falar em Deus. Acredito que nos tempos atuais, as pessoas já estão fartas de tanta fala sobre Deus e sobre Seus ensinamentos. Já se passaram dois dias pós-Páscoa, e o que mudou mesmo em mim?

Creio que vivo em um mundo à parte, como um autista. Pouco sei das pessoas que têm autismo, mas sei do mundo dos portadores de DP e do mundo das mulheres com doenças crônicas, ou seja, no meu pequeno mundo, pois em relação ao universo, é minúsculo. Porém, de uns anos para cá, tornei-me muito falante, observadora, leitora, questionadora e decidida. É muito difícil ter uma opinião que não se encaixa na realidade das pessoas mais próximas. Segundo boa parte das religiões, há uma distinção bastante evidente entre corpo e alma.

Com base em alguns filósofos, como Sócrates, "a essência do homem é a alma que, por sua vez, é a consciência de si como personalidade intelectual e moral". Para Platão, o homem "é essencialmente alma, espírito e, por isso, o único problema para o homem é o de resgatar a sua alma da prisão do corpo".

Minha religiosidade comunga com as ideias de Sócrates que, a meu ver, não separam o corpo da alma. Não é possível, em minha percepção, que o doente crônico tenha somente o direito de se medicar, sorrir sempre e esperar uma solução de cunho espiritual. O meu corpo reflete a dor da maldita doença de Parkinson e suas sequelas que só aumentam ano após ano.

Os remédios só mascaram parte de minha aparência, e isso me faz sofrer muito. São os enganos do cérebro. Muitas vezes acredito que estou realizando uma tarefa perfeitamente normal, mas na realidade, não. As pessoas simplesmente me observam e acreditam ser melhor não me avisar que estou lenta, que a grafia não dá para ser compreensível e muito menos lida.

Tremembé,
15 de maio de 2019.

Crise

Sou um ser humano? De que sou constituída? Como eu funciono? Lembro-me de várias coisas da minha infância que me levam a crer que o início do Parkinson não acontece de uma hora para outra e nem só na fase adulta, mas começa na infância. Aqui estou formulando um pensamento científico. Vou apresentar as fontes que sustentam este pensamento no final.

Sou católica, porém, dentro do catolicismo há várias tendências. Eu nasci na tendência tradicional e até a fase adulta permaneci. No entanto, desde meus 6 anos, quando me preparava para a Primeira Eucaristia, já me inquietavam alguns pensamentos bíblicos. O mais recorrente vinha do sofrimento que eu não entendia. Por que tanto sofrimento, pobreza, falta de diálogo, alcoolismo do meu pai, sem vida social, excesso de luta pela sobrevivência da família, e minha mãe como a total responsável pela educação dos filhos?

No início da minha vida adulta, vivia perambulando dentro da igreja, não me encaixava e nem me sentia parte dela. Parecia que por mais que eu me esforçasse para compreender a Bíblia sagrada, eu não me encontrava naqueles textos e ações. Quando me foi apresentada a Pastoral Operária e, por meio dela, a Teologia da Libertação, foi quando me encontrei e me afirmei como católica apostólica. Hoje sou capaz de interpretar qualquer texto bíblico.

Enquanto a Pastoral Operária durou em Goiânia, eu fiz parte dela. Se era tão bom, por que acabou? Bem, as pastorais sociais e as comunidades de base incomodavam muitas autoridades, tanto as religiosas quanto as governamentais. Na pastoral lia-se a Bíblia com um olhar de trabalhador, e não mais com olhar universal de pessoas que não possuem o mesmo sentimento.

Leonardo Boff evidencia a distinção essencial entre a religião e a espiritualidade: a primeira associada a crenças, dogmas, rituais; a segunda relacionada às qualidades do espírito humano – compaixão, amor, tolerância, capacidade de perdoar, solidariedade –, que trazem felicidade para a própria pessoa e para os outros. E denuncia momentos e formas em que religião se torna a negação da espiritualidade (BOFF, 2003).

A localização do meu eu na espiritualidade abrangeu todos os campos da minha vida, especialmente na minha cultura, tanto acadêmica quanto religiosa. Esta bagagem de tudo que aconteceu em minha vida me dá suporte para renegar a DP, exatamente por considerar que muitos dos sofrimentos advêm dos contextos familiares, sociais e religiosos.

PARKINSON...

Que doença é esta que faz meu cérebro se degenerar?

Se fizermos uma leitura literal, o que primeiro me ocorre é que o cérebro se transforma em água. E eu? Como fico? Onde ficam as minhas decisões, meus desejos, meu querer? E, fim... Eu acabo!

Eu digo que não estou depressiva, apenas triste por ver, sentir e saber das reais condições do significado da DP. Tenho certeza de que nunca desejei tamanho sofrimento. A meu ver, não há respostas nas muitas teses estudadas na Psicologia e na Psicanálise. A medicina só tem domínio no que é de fato em relação aos tremores que muito me incomodam. Não vejo da parte dos neurologistas interesse em tratar o cérebro para que eu tenha pelo menos a chance de retardar a degeneração. Além disso, por que não fornecem todas as informações ao paciente? Questiono se realmente é para que eu não venha a ter conhecimento do meu real estado ou porque eles pensam que eu não sou capaz de entender.

Sempre achei covardia da natureza que, na velhice, tudo remete ao fim. Não há possibilidade de grandes escolhas. Esta fase da vida chega rápido, naturalmente, ou forçada por uma doença crônica degenerativa.

Eu tenho DP há vários anos. Profissionais da saúde, por várias vezes, se dirigiram a mim com ar de piedade por causa da minha idade. Existem até leigos que me dizem que Parkinson não é doença de velhos.

No início deste texto, deixei bem claro que esta fala tem muito de minhas experiências vividas ao longo de quase uma década, dividida entre a esperança de um final de vida consciente e de independência física e motora.

Tremembé,
18 de maio de 2019.

Preocupações com o Parkinson

Na nossa sociedade, onde se encaixa a prevenção da saúde pública? Quando dei início à luta por controlar a DP, fiz uma verdadeira romaria à procura de informações. Pensava eu que havia uma espécie de prevenção contra as doenças da velhice. O Parkinson, mesmo sendo uma doença mental, fica no entremeio da doença mental e do Mal de Alzheimer. Eu era uma simples leiga com formação em Pedagogia, mas foram os meus conhecimentos acadêmicos que me direcionaram para as leituras. Mesmo assim, por várias vezes, eu me vejo sem norte. Onde procurar respostas para minha proposta de vida? Continuo nessa busca até os dias atuais.

Primeiro fui aos órgãos de saúde e, por incrível que pareça, tanto faz serem órgãos federais, estaduais ou municipais, todos têm a mesma essência de olhar para o doente crônico. Para os médicos o diagnóstico é soberano e definitivo. O paciente é uma espécie de avatar, para os mais novos e para os hospedeiros. Sem nenhuma chance de final diferente. Os maiores estudos residem sobre a doença de Alzheimer. Ainda não conheço um exame específico para a DP. Sempre me pergunto: qual a vantagem de procurar uma resposta de que se é possível viver de forma digna mesmo com Parkinson? Só vejo, e é de minha autoria, dois caminhos: o primeiro é crer que Deus é maior que tudo e todos; segundo, procurar viver da melhor forma possível, sem sonhos de que algo vai mudar profundamente. Há muitas fontes de apoio: a leitura e o artesanato, dos quais gosto muito, sou festeira, falo pelos cotovelos, gosto de atividades físicas, mas não gosto de academia.

Nos momentos de crise, tenho medo de saber se a DP deu mais um passo ou não. Encontro consolo maior na literatura e nos meus muitos amigos. Em especial, os da ASPARK-GO. Claro que não me esqueci da minha família. É que tenho um lema: não fazer propaganda do que é excelente para não atrair e abrir concorrência.

Tremembé,
19 de maio de 2019.

Desabafo

Não acreditei! Mesmo depois de aproximadamente uma década do diagnóstico da DP, volto a ler textos para fundamentar minhas escritas a respeito da vida como portadora da doença. Ao ler novos e antigos textos acadêmicos, torna-se impossível não fazer comparações. Entre o texto e eu, o que estou sentindo com relação à forma física, seria a rigidez, o modo de andar e a medicação.

Estas leituras feitas agora, deixam bem clara a razão pela qual eu me recusei em aceitar que não seja possível viver longamente tendo DP. Porque, do momento do diagnóstico até agora, já se passaram quase uma década. Já se passou muito tempo e ainda hoje me sinto abalada com o resultado, com a comparação entre os textos e minha míope visão sobre meu estado de saúde e a doença de Parkinson. Mesmo diante do pouco acesso à literatura dos grandes escritores da mente, sempre me vejo discordando. No entanto, não tenho base teórica para confrontá-los. Então, devo curvar-me diante dos seus escritos e das interpretações feitas pelas classes da saúde.

A maior parte dos textos acadêmicos que li dizem respeito à depressão como parte do diagnóstico da DP. Ou como fator colaborador para a DP.

Faz muito tempo que não aceito mais esse rótulo. Se sou, ou estou, depressiva, pouco me importa quem está me dizendo ou fazendo com que eu mude minha opinião. Isso geralmente acontece quando estou sendo avaliada por um profissional da saúde, quase sempre médicos.

Foi um longo caminho que percorri a partir dos discursos dos médicos que, a todo custo, quiseram enquadrar o meu sofrimento em um tratamento químico sob o nome de depressão. Nunca acreditei que ansiolíticos poderiam me levar à cura, mas em tratamentos alternativos não medicamentosos. É o que tenho feito, mesmo antes da confirmação do Parkinson.

Certa vez dei entrada ao pedido de readaptação funcional perante a junta médica da prefeitura de Goiânia. Em uma avaliação de neurologista, ao ver que eu tinha DP, constatou que certas tarefas estavam sendo afetadas. Então, enxerguei ali minha fundamentação para readaptação para outra função dentro da escola. Sua primeira fala é que a DP é motivo certo para a aposentadoria, sem direito à readaptação. Eu contra-argumentei dizendo que estava com uma dificuldade motora e não mental. Nosso debate durou aproximadamente duas horas e o responsável me concedeu uma readaptação de um ano.

Passados três dias, recebi um telefonema da junta médica dizendo que eu deveria comparecer a uma nova avaliação diante de quatro peritos. Foi muito constrangedor, pois eles falavam muito em linguagem técnica e eu só tinha minhas próprias certezas. Depois de aproximadamente uma hora de debate, o neurologista que me avaliou disse que não voltava atrás na sua decisão e colocou em votação. Neste momento, me foi solicitado que aguardasse em casa. Sem chance de debater, fui embora. Dois dias depois recebo novo telefonema solicitando minha presença, pois eu seria avaliada por outro médico da junta. O encontro com o médico foi muito difícil. Ele fez em mim os testes peculiares para Parkinson e me dizia que meu caso era de aposentadoria direto, sem direito à readaptação.

Foi nesse momento que recorri à minha tese, de que eu estava lenta para algumas tarefas, mas era apta para outras, principalmente as cognitivas. Este médico tinha sido derrotado na votação, mas não aceitava a decisão sobre meu caso.

Voltei ao neurologista que me deu a readaptação provisória de um ano. Ele fez novamente todos os testes para a DP. Por fim, me disse que eu estava bem emocionalmente e outras coisas de que não lembro mais, mas uma coisa foi inesquecível: ele disse que foi difícil ter segurado a readaptação, e que eu estava com uma carta na manga. Eu havia feito uma avaliação cognitiva, chamado de teste de QI, e no resultado constava que eu estava acima da média para uma pessoa da minha idade. Isto foi o divisor de águas para ele, que me concedeu a readaptação funcional durante o tempo que eu bem entendesse.

Aparecida de Goiânia,
17 de junho de 2019.

A imagem do outro

No dia 13 de junho foi o aniversário do meu irmão mais velho. Por erro do cartório e displicência da minha mãe, é também meu aniversário. Já falei sobre isto em outro texto, me considero uma mulher relativamente corajosa, enfrento o Parkinson com firmeza e altivez. Porém, quando vejo meu irmão mais velho com tremor bem acentuado e outras dificuldades, choro, choro e choro por mim, por ele, choro de medo, choro por não enxergar um horizonte diferente, nem sequer uma mínima possibilidade neste caminho até a grande viagem de viver de forma diferente da que meu irmão está vivendo agora.

Muitos ao ler este texto dirão que cada um é diferente do outro, mesmo sendo irmãos. Eu, porém, reitero: a doença é a mesma. A DP é uma doença DEGENERATIVA, não há um inibidor para tal ação da natureza. Por esta razão, sofro ao ver o mano em seu estado de luta, em outra fase diferente da minha. Neste exato momento sinto, no fundo da alma, um olhar no espelho do futuro em tempo real. Assusta!

Volto a chorar muito por sentimentos que me invadem, sem nem ao menos saber quais são. O medo lidera, sem sombra de dúvida, mas não me aprisiona. Não posso deixar de dizer que o medo da travessia é grande, porém o medo do caminho é pior. Talvez para outros seja mais fácil falar e até organizar sua travessia. Para mim, é a primeira vez que admito que sou mortal e o fim não está longe. Cada dia que amanhece é a evidência de que andei mais um fragmento rumo à grande viagem.

Não gosto da morte. Sempre priorizei a liberdade por acreditar que nela há vida. Amo. Amar a vida, sol, o mar, amizade, alegria, leitura, minha grande fonte de liberdade. A DP é uma doença que te aprisiona, disso tenho certeza. Começa com a escravidão da medicação, necessidade de receitas e laudos. Tenho a sensação de que somos tratados pelo setor da saúde como um subproduto da doença mental. Digo isso por ter sido, por 11 anos, cuidadora do meu pai que tinha Alzheimer. Então sinto na pele esta diferença de tratamento.

Este texto é triste, reconheço, mas não vejo outra opção. Penso que alguns, ao lerem, dirão: ela não tem fé. A fé é minha companheira de todos os segundos; sem ela não teria a mínima chance de lutar para obter qualquer coisa. Há muitas coisas que são a outra face do que você quer. Por exemplo: a doença é a outra face da saúde, o amor é a outra face do ódio, e por aí vai. Meus relatos são marcados por muitas dores, tanto físicas quanto psicológicas. Por exemplo, ao acordar, o cérebro fica em branco, os músculos estão rígidos, não querem se mexer. Isto causa muito desconforto e aí nasce a luta e também a resistência. Levanto e obrigo o cérebro a registrar os movimentos, os músculos doloridos a funcionarem. Esta é a minha rotina, dia após dia, há uma década ou mais.

Aparecida de Goiânia,
20 de junho de 2019.

Em que mundo estou?

Fico pensando no mundo em que estou inserida, como me veem e, a partir disso, como sou classificada ou nomeada, alocada no espaço social. Os meios de comunicação fazem questão de nos vendar o raciocínio lógico e fazer uso da reflexão do que se vive. Fiz uma viagem para Tremembé, no interior de São Paulo, passeio que durou quase quatro meses.

Não tenho conhecimento se alguma pessoa com DP tem medicação para além de um mês. Então, por precaução, levei os remédios para fechar o mês e receitas para o próximo. Ao entrar na farmácia me dirigi ao atendente. Enquanto olhava as receitas e via que tinha o carimbo do Hospital das Clínicas

de Goiânia, ele leu e releu, virou de ponta cabeça, ficou com cara de não saber o que me dizer. A situação é muito constrangedora, não suportei por muito tempo e perguntei:
— Você não tem o medicamento?
— Possuo.
— Então...
— Suas receitas são de Goiânia.
— E daí, qual o problema?
— A senhora tem de trocar.
— Por qual razão?
— É medicação controlada.
— Eu sei, as receitas estão dentro do padrão da Anvisa, assinada por uma neuro. Goiânia é a capital do estado de Goiás, Brasil. A data é deste mês. Não vejo a necessidade da troca.
— São as leis.
— Quais leis? Onde estão estas leis? Me mostre.
— Eu sinto muito.
— Você sente o quê?
— A senhora deve ir ao posto de saúde, que lá vão trocar as receitas.
— Já entendi: vocês não sabem por qual razão e vão fazer de mim bola de pingue-pongue. A farmácia não me vende e o posto não troca as receitas por elas não conterem nada de errado, e os dois vão me deixar sem medicação.

Portanto, lá vou eu ao tal posto. De certa forma, fui bem atendida e aconteceu o que já havia previsto: como as receitas estavam corretas, os profissionais da saúde me disseram que eu deveria voltar à farmácia normalmente e comprar. Já usando do pouco estoque de educação, eu disse à enfermeira-chefe:

— Coloque seu carimbo e assine para que o vendedor tenha certeza que estive aqui.

Falei:
De volta à mesma farmácia (precisam ver a cara do vendedor quando me viu),

— Estou de volta.
— Trocou as receitas?
— Não. Mas a enfermeira-chefe disse não haver nada de errado com as receitas.

Então, eu passei às mãos dele as benditas receitas e acrescentei:
— Ela assinou
Ele viu a assinatura e me falou:
— Senhora, sinto muito. Nem eu nem outra farmácia vai lhe vender estes medicamentos sem a troca de receitas.
— Me explique qual a razão desta troca.
— As leis.
— Onde estão estas leis? Me permita ler.
— Sinto muito.

O bom da cidade de Tremembé é que a maior parte dos órgãos municipais está a uma distância de cinco quarteirões um do outro. Eu estava na residência de um primo, que fica em um sítio, que é também um acampamento dos sem-terra. Eles têm uma visão totalmente errônea sobre os sitiantes. É ridícula, preconceituosa e me colocaram no mesmo cesto. Passei a me divertir com a situação.

— O que significa esta frase "sinto muito"? E você me dá o assunto por encerrado?
— Quer dizer que não posso fazer nada.
— Pode, sim! Assine e carimbe a receita que vou voltar ao médico e a mesma enfermeira vai ter de resolver a tal troca de receitas.

Ele carimbou e assinou as receitas logo abaixo da assinatura da enfermeira e, em seguida, me entregou. Então eu disse:

— Olha, se eu não resolver desta vez, vou à delegacia registrar um boletim de ocorrência contra você e o posto de saúde.

De volta ao posto de saúde, a enfermeira, logo ao me ver, já foi me perguntando:
— Ele não te vendeu?
— Não.
— Hum! Você pode esperar um pouco?
— Para quê?
— Só há uma solução: vou falar com o médico de plantão e ver se ele troca as receitas.

E aconteceu a troca. A partir daí, outras diferenças de realidade.

Uso três medicamentos para a DP: Akineton, que nunca encontrei em lugar algum, em nenhum posto de Saúde em Goiânia. Em Tremembé peguei o prolopa bd 100/25 que, em Goiânia, pagava R$23,50, e em Tremembé, R$4,30; o sifrol, que não me lembro do preço pago em Goiânia, pois este foi pego no Juarez Barbosa, em Tremembé, R$198,98. Será que em cada pedaço de estado do Brasil as leis são diferentes? A DP de Goiânia é diferente das outras cidades do

Brasil? Já passou da hora de haver um livro que contenha só as leis que se refiram aos doentes de Parkinson para nos ajudar nestas situações.

Aparecida de Goiânia,
25 de junho de 2019.

Tai chi em minha vida

Após uma viagem de muitos dias ao Paraná e São Paulo, me hospedando em casas de parentes, entrei em luto profundo pela perda de minha amada mãe. Já não falava mais sobre ela, pois já se passou um ano. Muitas vezes perdia a vontade de falar por saber que acabaria aos prantos. Isto ainda acontece.

Nesse modo de vida encontrei, consciente ou inconscientemente, a compulsão por comida. Como em qualquer compulsão, há consequências duras na vida. Porém, a compulsão por comida, de certa forma, é bem incentivada. É raro você fazer uma visita, por mais simples que seja, e os donos da casa não lhe ofereçam uma xícara de café. Assumo que não dei a menor importância para o ganho de peso. A balança foi me mostrando, pesagem a pesagem, até começar a falta de ar, cansaço e outras dificuldades. Então, corre-se para o cardiologista e, após vários exames, o diagnóstico: sobrepeso. Remédio e academia. Mas eu não gosto do ambiente das academias. Fiquei frustrada com a solução do médico. Passei a buscar outras alternativas que fossem fora das academias.

Chateada, fui andando da clínica até minha residência, que não fica muito longe. Já próxima à minha casa, havia um lanchinho de umas amigas. Parei lá para dar uma reclamada de tudo. Foi então que uma delas me falou que outra vizinha estava fazendo Tai Chi, de graça, ao ar livre. Isto me interessou e fui até a casa da amiga. Combinamos de ir juntas no outro dia para a praça. Eu tinha vergonha de chegar sozinha.

Tudo que eu sabia sobre Tai Chi era o que via nos filmes. Chegamos em cima do horário, entramos no grupo e fizemos os exercícios por uma hora. São exercícios leves e crescentes. Sua maior base está na respiração.

Neste momento, abro meus agradecimentos à família de Taiwan, Luiz e Luciana. Pessoas que falam pouco português. Seus nomes, provavelmente, nunca saberei pronunciar. Mas quero dizer que sou muito grata a eles. Por saber da dificuldade deles com nossa língua, coloco aqui seus nomes em mandarim:

Luiz = Huang Shui Sheng e Luciana = Huang Chen Chin Chu. Nunca me esqueci da primeira aula que tive com eles.

No primeiro contato com os exercícios de tai chi, seu Luiz aplicava a aula. Eu, uma mistura de euforia por ter encontrado um meio de me exercitar sem academia e confusa por ainda estar de luto, ávida por fazer os movimentos corretos, acompanhava o mestre que estava à nossa frente. Isto fez com que, ao copiá-lo, meus movimentos ficassem ao contrário dos demais. Então os outros passaram a me dizer que eu estava errada. Ele saiu de seu lugar e falou: continua. A princípio não entendi, portanto continuei. Ele havia percebido que eu era canhota, por esta razão era fácil segui-lo e ficar diferente dos demais. O casal me acolheu muito bem, não só no grupo de exercício, mas também dentro de sua família.

Posso garantir que toda a família me ajudou de inúmeras formas com as dores físicas, como também nas demonstrações de carinho e me inseriu em sua cultura. Houve momentos ótimos. Um deles foi a apresentação TAU, forma religiosa praticada pela família, que são encontros com outras famílias da mesma origem geográfica e mesmo idioma, para estudos e orações e termina com um bom lanche vegetariano, que eu, de certa forma, gosto. Lembrei que há também, para quem frequenta o grupo de tai chi, uma reunião na casa do casal Luiz e Luciana para explicar quais os benefícios das práticas dos exercícios. Penso que eles gostariam que eu tivesse abraçado o TAU e o vegetarianismo. Não foi possível.

Vegetarianismo. Sou de origem nordestina, meus pais foram criados com farinha e carne de bode. Alego não ser capaz de abandonar o hábito de comer carne. Sou católica por decisão. Nasci dentro do catolicismo, batizada, primeira comunhão, crisma. Tudo isso são sacramentos que, muitas vezes, são feitos sem a menor noção. Só me autoafirmei como católica após pertencer à Pastoral Operária e, por meio dela, conhecer a Teologia da Libertação.

Talvez tenha ficado estranha minha expressão de gratidão. Espero que entendam que tudo que veio depois de formada esta maravilhosa amizade, juntamente com outras coisas não relatadas aqui, me ajudaram a entender meu luto e suportar a viver com a perda de uma pessoa amada.

    Obrigada!

    Sou, de todo o meu coração, agradecida por todo amor e carinho dedicados a mim e à minha família pelos amigos de Taiwan.

Aparecida de Goiânia,
26 de junho de 2019.

Quando fiz a travessia do ela/nós para o eu.

Me sugeriram que eu fizesse o relato em forma de texto sobre os fatos ocorridos comigo, no meu dia a dia. Estes relatos deveriam ser apenas relacionados à doença de Parkinson, o que, para mim, era de uma dificuldade horrenda. Tenho muita vergonha da minha escrita, dos meus erros ortográficos. Mas compreendi que estes textos seriam lidos apenas por mim. Não sairiam do meu caderno. Ou melhor, só eu e minha psicanalista teríamos conhecimento sobre os meus textos.
    Os primeiros textos eram um amontoado de frases sem coerência e sem possível coesão. Eram, no máximo, uma lista de acontecimentos positivos. Quando ela elogiava meus es-

critos, eu ficava com o sentimento duplo: ela fez tanto elogio, mas o texto está horrível, pois eu mesma quase não consegui entender.

Os textos foram aumentando e a psicanalista acrescentou: "agora, digitalize os textos e construa um livro". No início argumentei que, por várias razões, não ia conseguir escrever um livro, pois eu tinha verdadeiro horror de alguém ler algo escrito por mim. Senti medo até ao pensar em muitas pessoas lendo este livro. Os que me conhecem podem até questionar: "você fala com orgulho do seu curso de Pedagogia, do seu TCC". Sim, é que tudo isto é diferente da escrita de um livro. No TCC, há um orientador e se paga para corrigir, sem chegar a uma maneira de mudar o caminho da ideia do livro, a certa altura já começa ser agradável a possibilidade de transcrever os textos e a construção de outros.

Enfim, estava decidida. Mas no início das digitações, que desastre! Boa parte dos textos estavam sem a menor coerência ou qualquer sentido.

O que fazer?

Possivelmente necessitaria de um coautor, ou seja, uma pessoa que me ajudasse a organizar meus textos. Partindo dessa ideia, fiz o convite de coautoria ao professor orientador do nosso TCC (este trabalho foi feito em grupo por exigência da faculdade). Ele aceitou prontamente, mas não tem espaço em sua agenda para tamanha dedicação. Convidei outra pessoa que, de imediato, deu início à função.

O coautor é um jovem psicólogo e, acredito eu, que em um futuro próximo seja reconhecido como um excelente profissional. Agora, mesmo munida de ajuda, a tarefa de escrever continua difícil. Além da preocupação com a escrita, os textos vão tomando meus sentimentos, afinal, estou escrevendo sobre minha doença. O Parkinson é a nomeação de uma patologia. Quando diagnosticado, o Parkinson tem outra denominação: é você o ser que está com Parkinson. O seu Parkinson é único, como sua digital. Acho que até agora não aceitei o diagnóstico, porém faço de tudo para ter um caminho de autonomia, em todos os sentidos. Por exemplo, a busca permanente desta liberdade diante da DP são as construções de textos e a luta diária com medicações, exercícios físicos e terapias.

Estes textos, ao me fazerem reviver muitos momentos de negação e dificuldades emocionais, ao serem transcritos, me levaram, por acaso, a profundas mudanças que passarei a enumerar:

- 1 – compreendi que a dificuldade dos primeiros textos residia no fato de que eu os escrevia em terceira pessoa (no plural ou no singular). Sendo um relato pessoal, o certo seria escrever na primeira pessoa do singular. Isto também demonstra a negação;
- 2 – modifiquei meu olhar sobre o diagnóstico; não necessito mais tanto da palavra dos profissionais da saúde de como estou;
- 3 – tomei as rédeas de meu tratamento;
- 4 – tornei-me autônoma;
- 5 – percebi a função terapêutica da escrita do livro.

Todas estas transformações ocorreriam lenta e gradativamente, sem pressão ou qualquer exigência. Acredito que o exercício diário da escrita é entrar em contato com os sentimentos mais profundos e escrever sobre eles é o maior condutor destas mudanças em minha vida.

Aparecida de Goiânia,
30 de junho de 2019.

A procura do pó do pirlimpimpim.

Acredito que um dos maiores enganos da minha vida tenha sido a tentativa de negação da única certeza da vida do ser humano: a morte! Desde o dia em que descobri que sou mortal, deu-se em mim o início da busca por uma fórmula mágica que me livraria da passagem deste mundo.

    Então, seguindo este pensamento, levei para a vida, fase após fase, uma fórmula criada por mim para a solução das dificuldades cujas respostas eu não encontrava, ainda mais dentro do limitado mundo em que estava inserida. Vejam como se resumia este meu pensamento: só era necessário fazer um roteiro perfeito de vida e seguir fielmente. Neste roteiro, era tudo perfeito. Claro, era de mim para mim. Não funcionava. E aí, como resolver as dificuldades do dia a dia? Me habituei a fugir para não falar sobre meus problemas, sobre as coisas que me afetavam.

Estas atitudes me levaram a ter muitos bloqueios emocionais sérios. Quando o Parkinson entrou em minha vida, fugi muitas vezes e dei início à maior procura da fórmula mágica que me tirasse dessa maldita doença. Não vi que a doença se igualava à mesma busca para não morrer. Nesta altura da vida, já sendo adulta, em tratamento com psicanalista há um bom tempo (confesso que levei mais de três anos para admitir falar da DP).

É uma atitude muito infantil, admito. Este medo em forma de fuga trouxe-me muitos prejuízos, tais como insegurança, não querer tomar decisões, mas também me levou a ter uma vontade profunda de viver bem. Me levou à procura literária por soluções, caminhos possíveis de percorrer no tratamento da DP. Em resumo, fiz muitos esforços para encontrar o pó mágico (pó do pirlimpimpim). Tudo que fiz só me levou a me encontrar cada vez mais com a realidade nua e crua.

A psicanalista trabalha comigo os atos falhos. E eu cheguei a uma conclusão, mesmo que no próximo momento em análise eu mude de opinião. Agora, depois de mais de uma década, estou usufruindo deste tratamento. Só após dar início aos textos que compõem o livro é que fui capaz de falar sobre a doença de Parkinson e da

minha dura e ferrenha negação da DP e de suas mazelas. Uma das coisas que me irrita nos profissionais da saúde é não aceitar que choro de raiva por ser acometida pela doença de Parkinson e tudo que eu sinto, para eles, se resume a depressão. Meu alento está nos escritos de Michel Foucault.

Estamos vivos, estamos espantados, por isso queremos pensar a vida, buscando a coalizão entre razão e afeto. Racionalistas vitais ou vitalistas racionais, chamem como quiser. Se somos inadequados é apenas porque sentimos que a vida foi rebaixada e isso nos apresenta ao maior resgate que podemos empreender – o próprio sentido intrínseco às nossas existências! Ora, se este movimento precisa de um nome, então Razão Inadequada é o melhor: antídoto contra o niilismo desesperado e passivo, tonificante da vontade de viver e criar. Aos insensatos, aos insubmissos e inadequados, que estas linhas os ajudem a criar seus próprios caminhos (FOUCAULT, 1977).

Neste texto não mencionei o nome da psicanalista que me atende. É que pretendo escrever alguns textos de agradecimento. Vai ser neste momento que a apresentarei a vocês.

Aparecida de Goiânia,
09 de julho de 2019.

Agradecer

Normalmente vejo que a maioria das pessoas, ao receber um prêmio ou qualquer motivo, sempre diz: "primeiramente, agradeço a Deus". Faz parte das minhas falhas técnicas ter uma certa dúvida. Como pensar em Deus, falar com ele e ter certeza de que ele está acima de tudo? Há coisas que se internalizam em meu ser. Primeiro, já ouvi tantas vezes esta frase: "Eu vim para que todos tenham vida em ambulância", segundo as Sagradas Escrituras. Neste ponto, desde os meus oito anos, questiono se Cristo veio ao mundo para que todos tenham vida boa. Onde está a minha parte? Nasci na pobreza e nunca saí dela. Mas o motivo deste texto é agradecer a Deus. Abandonando uma certa dureza de meu coração, há em minha vida, sim, uma grande presença de Jesus Cristo. A tristeza, a melancolia, acredito que desde a infância me acompanham. Sempre de certa forma eu me sentia na contramão da realidade. Sempre querendo que Deus fizesse minhas vontades que, na maior parte, não passa de resistir em não ouvir um não. E quando ouço um sim, quase sempre duvido.

    É sério quero aqui escrever o que sinto de tão grata a Deus. O choro vem e vou em frente, porque, se parar neste ponto para enxugar as lágrimas, acredito que este texto para aqui. Não encontro palavras realmente que represente minha gratidão a Deus. Não só peles textos que tenho escrito. Que, se bem pensar, é quase um milagre dEle. Porque, antes de escrever estes textos que vão compor o livro, eu não admitia que quase ninguém lesse qualquer coisa escrita por mim. Vejo em muitas coisas a mão de Deus, que não há como transcrever, são coisas que só o coração é capaz de identificar e crer. A ti, meu Deus, toda a minha gratidão por tudo em minha em minha vida.

Aparecida de Goiânia,
11 de julho de 2019.

Muito engraçado

Só ontem, durante o chá de bebê do Daniel, vi que a velhice está se apresentando a mim. Sempre acreditei que seria a melhor fase da vida de alguém. Agora que ela bate à minha porta, próximo de completar cinco ponto seis na cédula de identidade. Hum... como sei disto? Tenho a sensação de ter vivido a maior parte dos acontecimentos ali comentados. Já me casei, tenho filhos, casa para cuidar, o mundo está se apresentando sem novidades. O vento que sopra parece me dizer: agora é com você, o colorido desta vez faça, já percorreu o caminho: as flores, o perfume, beleza, se vai ser plano ou com montanhas, terá sua assinatura. Há algum tempo venho me despedindo de algumas coisas: uma delas é da arte com balões (bexigas), e não é por não gostar, é que há muitos fatores. O mais profundo é, de fato, o arrocho salarial que vêm sofrendo os trabalhadores. E não estou mais trabalhando na escola. Aparece também a lentidão que a DP traz, que reconheço. Fiz três peças: uma cegonha e duas centopeias para enfeitar o ambiente. Os elogios, ao bater em meus ouvidos, foram o que me alertou: estou mudando de fase na vida: as peças de bexiga foram, para mim, despedida. Não estou investindo em balões, daqui para frente, só quando solicitados por parentes e amigos.

Tenho muito para aprender, mas a DP ocupa um espaço neste aprender. Quando, no primeiro contato com o Tai Chi, vi que os exercícios, por mais leves que são, obedeciam a um ritmo que chamei de defesa e ataque. Apesar de já estar comprovado e classificado que o Parkinson é uma doença crônica e progressiva, quero atacar e me defender da imobilização, que vem através da rigidez. Aí dói! Quando penso que estou abraçando a última fase de vida do ser humano, esta fase que fecha o ciclo de vida sobre a terra.

Goiânia,
13 de julho de 2019.

O surgimento de mais uma flor no jardim da minha existência

Hoje estou colhendo mais uma flor no jardim da minha existência. Bom, desde que comecei a trabalhar na escola foi que passei a dar mais ênfase a esta data. Na infância nunca tive festa de aniversário. A primeira ocorreu aos quinze anos. Não foi a festa dos sonhos, mas festamos. Depois, só na fase adulta. Ao trabalhar em lugar de ensino, o bom é que, além de trabalho, temos a oportunidade de aprender: valores, o esforço de entender e viver o respeito. Registro aqui, neste bom dia, duas faltas: a da minha amada mãe e de uma associação.

Já faz alguns anos que sonho em encontrar um grupo, ou uma associação dos portadores de Parkinson. Esta busca teve início no dia em que recebi o diagnóstico. Fiz uma verdadeira varredura no Google, de estado em estado, mas todos me diziam a mesma coisa. Eu deveria procurar uma mais próxima, pois o estado em que resido não possui tal associação. Foi o presidente da associação de Brasília que me acolheu neste momento crucial de minha vida. Tenho em meu coração um agradecimento profundo pelo Pato, que é o sobrenome do Presidente inscrito da associação dos portadores DP.

Ontem recebi um presente antecipado. Estava eu fazendo uma das muitas fisioterapias, são muitas em que eu recebo o sonar, que é um aparelho que transmite uma luz azul e gelo, com estímulos através de eletrodos. Aqui não estou me preocupando com nomes científicos, que acho um saco. Nos exatos 20 minutos que uso para ver tudo isso no Facebook e responder ao Whatsapp, foi quando recebi um convite para inauguração da sede onde funcionaria uma associação dos portadores de Parkinson do estado. Fiquei, por vários minutos, sem acreditar no que tinha lido. Seria uma das muitas peças que meu cérebro está pregando?

Então pensei: presente do céu que realizava um desejo de vários anos. Procurei a rádio para me colocar em contato com a pessoa responsável por aquela reportagem. Após 24 horas, eu ainda não havia encontrado a tal associação.

Durante a busca por esta associação muitas pessoas me disseram: "faça você mesma uma associação!" Mas não era isto que eu queria. Eu desejava simplesmente ser uma associada, que a mesma estivesse pronta, já em andamento. Em mim, não há a menor vontade de ser nada, só associada.

Ser só e não ter ninguém para dividir sua dor é muito ruim. Pensar sobre a minha doença, de certa forma, ajuda-me a lutar para deixar de fugir da realidade e encarar a DP.

Descobri o valor do desejo e passei a valorizá-lo só depois que compreendi que o desejo, muitas vezes, vem na hora indesejada, porém fala do nosso querer mais íntimo.

Aparecida de Goiânia,
17 de julho de 2019.

Lei para a morte

O que está acontecendo no Brasil, onde se vota só por motivo pessoal e nunca se pensa qual é o projeto que vai reger o país? As primeiras medidas provisórias do atual presidente já foram de morte. Quando ele retira alguns reais do salário mínimo, ali se deu o início da matança dos doentes crônicos. Próxima medida: a retirada de verba das faculdades públicas. Muitos de nós, portadores de DP, não entendem que o hospital das Clínicas é parte da Universidade Pública Federal. Mas falta dinheiro público oriundo de nossos impostos que deveria retornar para nós em forma de atendimento médico.

Nesta semana foi publicada a lista dos medicamentos que serão deixados de serem gratuitos. Depois deste tipo de perversidade, juntamente com esta medida provisória está embutida uma lei que diz que, para o usuário de medicamentos de alto custo, não será necessário entrar com petição no Ministério Público.

E pensar que a imprensa mascara as reportagens para que nós continuemos sem procurar melhorias! Só para a DP tomo três medicamentos. Dos três, só pego um de alto custo. Agora vou ter de comprar os três! Como o medicamento no Brasil é livre para aumentar o preço, lógico que o Premipexol vai ter seu preço alterado.

Existem informações que, além de me afetarem no bolso, também me deixam incomodada no campo emocional. A justiça não reage sem ser provocada. Se esta é provocada por um segmento representando os pobres, leva tempo para responder. Geralmente, quando chega a resposta da tal justiça, ela não é mais necessária.

Vejam o caso do plano de saúde da prefeitura de Goiânia, o IMAS. Tomei posse no ano de 2000. Desta data até hoje, houve pelo menos uns três escândalos de desvio de recursos do plano. Nunca vi ou foi noticiado que o responsável por tal conduta fora preso ou por medida judicial fez devolução do valor desviado. Mas as consequências destes roubos são diretamente levadas até aos usuários. E a justiça.

A raiva, o sentimento de não ver alternativas, impotência por não saber o que fazer diante destes decretos que me prejudica. Sabe, o que mais me incomoda é a

passividade da sociedade diante dessa situação, que vai levar muitos doentes crônicos a terem o tempo de vida reduzido. Escrevo este texto por mim e em solidariedade aos que vão ter o maior impacto.

Goiânia,
31 de julho de 2019.

Dúvidas

Até que ponto as informações sobre DP trazem alento, esperança real ou até uma forma de consolo? Neste momento, quero pedir desculpas a mim mesma por não ter mais garra para manter esperança de que vou vencer no final. Não estou dizendo que parei de lutar ou que vou me entregar, isso jamais. Tinha dado um tempo de fazer leituras sobre a Doença de Parkinson, por ver que tudo volta a um único ponto. Doença crônica degenerativa, ponto e acabou. Entendo a vontade das pessoas que me enviam vídeos, artigos, comentários, indicações de livros, sites e por aí vai. Elas estão munidas das melhores intenções, vejo também como forma de carinho e dedicação.

Vejo também que a conclusão não foge à regra, mas há sempre um detalhe que vem me ajudar. Ao entrar no Whatsapp da Associação dos Portadores de Parkinson de Goiás, estava lá um endereço eletrônico de um médico homeopático que fala sobre a doença de Parkinson. Acessei e fui vendo. Em meio a um de seus vídeos, ele diz que se deve acessar os vídeos de outro médico, sendo este um neurologista, no caso mais entendido do assunto. Fiz uma pausa e pensei: é realmente um fato muito curioso. Se gravo um vídeo com a função de levar um conhecimento científico a um grande contingente de doentes, quando indico outro médico e afirmo que ele tem mais conhecimento, esta fala certamente causará dúvidas. E causou certa dúvida. Se tenho dúvida e uma indicação de como saná-la, fui à fonte. Fui com esperança de que seria um neurologista homeopático. Mas é um neurologista, digamos, tradicional. Só que este profissional tem muitos vídeos no Youtube que esclarecem muito sobre a DP.

Repouso

Fiz uma cirurgia de correção na uretra para a colocação de uma tela. A princípio tive de vencer duas grandes dificuldades, uma delas chamei de fobia.
    É muito engraçado a tal fobia, de onde ela vem, por que vem? Quando começou? E várias outras indagações me assolam. Porém, chego à conclusão de que, mesmo encontrando todas as respostas para minha fobia, ela não cessa, ao contrário, sempre teima em aparecer. A minha maior fobia é de ficar deitada na posição de barriga para cima. Remete à posição de morte e, da qual eu não posso me levantar. Então, dentro do centro cirúrgico, isto é fatal: a fobia aparece e até hoje não tenho encontrado solução para isso.
    Foi muito engraçado quando entrei no centro cirúrgico. A equipe médica já me aguardava. Pense na fobia somada ao Parkinson. Que tremedeira! Então pedi ao anestesista

que gostaria de acordar no quarto. Ele disse que sim, mas as enfermeiras questionaram, já que eu estava tão calma no quarto. Respondi que tenho fobia a centro cirúrgico e tenho DP. Todavia, acordei duas vezes no meio da cirurgia, o que deu início imediato ao pânico. O Dr. Sérgio logo me socorreu e o anestesista entrou em ação.

Por causa da fobia não li, nem tampouco fiz muitas indagações a respeito desta cirurgia. Deixei-me levar só pela necessidade de fazê-la. Foi um processo rápido e eu em minha santa mania de acreditar que tudo é simples. As dificuldades desta intervenção cirúrgica não estão no ato em si, é o repouso: trinta longos dias. São cinco dias com sonda urinária, que incomodam muito. Porém, depois dos dias passados, a sonda é retirada. Aí o bicho pega. Sentar fica difícil, virar na cama, urinar. É uma dor muito forte. O canal está todo irritado por causa do atrito com a sonda, junto com o DP. Dia após dia, isto vai se modificando e eu vou levando em frente meu repouso. Tenho agradecido muito a Deus, por tudo, principalmente por meu marido, filhos e os amigos, que muito têm contribuído para minha convalescência.

Aparecida de Goiânia,
21 de agosto de 2019.

Apresentação

Quero apresentar a vocês, leitores e leitoras, outra pessoa que vem lutando junto comigo para que meus textos se transformem em um livro. Esta função chama-se coautoria. Eu escrevo e em seguida envio para ele. Na sequência, após lê-lo, é feita uma análise. O próximo passo é conversarmos a respeito do texto. A maior parte dos textos tem uma boa carga emocional. Às vezes é muito difícil perceber as incoerências da minha escrita.

Quando dei início à escrita dos textos, foi para cumprir uma etapa da minha análise. Como faz um certo tempo, não me lembro mais qual a função do ato de colocar no papel o que eu pensava e sentia sobre o Parkinson. Na época, no início, não deixava nem a psicanalista ler o que eu escrevia. Outra dificuldade consistia em ouvir elogios, pois quase sempre duvidava. Mas agora, problema vencido. Os primeiros textos continham muita confusão de sentimentos, faltava coerência e coesão. Em minha opinião, eram um horror. Por outro lado, ela via nos meus textos as oportunidades de que primeiro seria uma forma de eu ultrapassar meus problemas e ainda ter a chance de, de alguma maneira, vir a ajudar outras pessoas com DP. Nossas seções estavam sendo tomadas pela leitura dos textos e comentários. Então ela me disse que eu deveria pensar em um coautor para me auxiliar.

Primeiro convidei meu amigo e orientador do meu trabalho de conclusão de curso. Ele aceitou, só que, por estar muito ocupado, não estava tendo oportunidade de acolher minha escrita com tamanha necessidade. Ao perceber no que estava envolvida e gostando, vi que a solução estava em remanejar meu amigo professor a outra função, que demandava outro tipo de tempo e convidar outra pessoa para, junto comigo, construir o livro. Não foi fácil chegar até esta pessoa. Não por falta de amigos, mas eu tinha em mente que esta pessoa a ser escolhida tinha de ter certa empatia comigo e com minha situação e estar disponível para embarcar nessa aventura.

De todos os critérios sobre os quais cheguei a pensar, acredito que não os usei. Passei um bom tempo em brancas nuvens. Um certo dia decidi convidar o jovem psicólogo que havia conhecido há algum tempo na Associação dos Portadores de Parkinson do estado de

Goiás. Não tenho necessariamente um motivo de ter feito o convite a ele. Porém, algo em seu olhar nos tornou parceiros. Por estar viajando, fiz o convite por telefone, e ele aceitou de imediato. Desde então estamos unindo forças para construir um bom livro. Deixo aqui em aberto para que ele coloque seus motivos para ter aceitado tal convite.

Sou muito agradecida a você, Rafael Ávila, por estar permitindo, por meio de sua grande ajuda, realizar este grande, emocionante e terapêutico sonho em forma de livro.

Aparecida de Goiânia,
22 de agosto de 2019.

Assunto complicado

Abordo hoje a reflexão sobre a função de cuidador. A doença de Parkinson, de cunho degenerativo, ao longo do tempo vai causando embaraços em minha vida. Primeiro, vou relatar as dificuldades que encontro, a fim de desenvolver uma conversa com outro parkinsoniano que apresenta grau de dificuldades diferentes. Desde o início da construção dos primeiros textos, tenho como propósito colocar a visão de outros irmãos e irmãs na DP, além da minha própria. Então, quando vejo um(a) colega já apresentando graus diferentes de tempo, idade ou de mobilidade, vejo a oportunidade de fazer uma abordagem e, em seguida, estabelecer um diálogo sobre nossas dificuldades e, por consequência, a luta por superação. Neste exato momento, quando estamos estabelecendo a confiança para acontecer a troca de experiência, entra o cuidador, claro que com todo amor, carinho e dedicação, e dá a opinião dele, no lugar do parkinsoniano. Aí trava a conversa e, muitas das vezes, a troca não acontece. Já aconteceu que, ao perguntar a um amigo qual era a dificuldade dele que mais o chateava, a cuidadora respondia que era a lentidão ou o ato de levantar, mas ele insistia em me dizer que eram os tremores que já o atrapalhavam ao comer.

Por ter sido cuidadora dos meus pais, antes e até mesmo depois de diagnosticada com Parkinson. Entendo muito bem esta função e o quanto ela exige do cuidador. O cuidador injeta muito de sua vida para que a pessoa cuidada tenha qualidade de vida dentro da DP. Esta relação se torna tão profunda, que o cuidador, se não tomar cuidado, não consegue mais fazer a separação. Ele cuida de uma pessoa, porém, a pessoa cuidada, mesmo limitada, tem muitas vezes sua própria opinião.

Chegou a hora de falar de meus cuidadores. Graças dou muitas vezes a Deus por ter uma família que, mesmo sendo pequena, estão muito disponíveis para cuidar de mim. Por motivos óbvios, essa função fica mais a cargo do meu esposo. Muitas vezes reconheço que não sou fácil. Primeiramente, uma das minhas lutas é não deixar meu tratamento na mão do cuidador. Mesmo que eu cometa muitos enganos. O engano mais recorrente é confundir datas. Hum... Já fui muitas e muitas vezes em consultas em datas trocadas, e ele fica possesso. Eu fico firme na decisão de manter o controle da minha vida, mesmo sabendo que posso errar de vez em quando. Vejo que é necessário manter uma certa distância para não ocorrer o que relatei acima. Se você pensar na relação entre o cuidador e a pessoa cuidada, é mais ou menos assim: um cipó se enrolando em uma pequena árvore; de início só em um galho; à medida que o arbusto cresce, o cipó vai se enrolando; quando a árvore se torna adulta, o cipó já tomou a maior parte da árvore e esta passa acreditar que o cipó faz parte dela.

Este texto é para a valorização da pessoa que cuida do doente, qualquer que seja a doença. Mas especialmente para os que cuidam dos doentes crônicos e daqueles que apresentam transtornos mentais.

Quero deixar registrada a minha gratidão ao meu marido e aos dois filhos, meus amados cuidadores. É muito bom sentir o amor de vocês através do cuidado com minha pessoa.

Aparecida de Goiânia,
23 de agosto de 2019.

A Psicanálise em minha vida

Desde a infância, sempre gostei de ler. Primeiro escondido, pois meu pai, analfabeto e nordestino, tinha na cabeça que mulher não devia se dedicar à leitura. Levei muitos cascudos e puxões de orelha. É que nesse tempo, eu só tinha acesso às revistas de fotonovelas. Sempre emprestadas e às vezes encontradas nas calçadas, sem capa e faltando folhas, mas eu lia assim mesmo, por gostar tanto de ler. Queria ficar lendo, sem medo da repressão do meu pai. Por isso, desenvolvi duas técnicas: primeiro, foi a de colocar a revista que estava lendo dentro da Bíblia Sagrada e quem me via, lógico, pensava que estava lendo a Bíblia. Santinha, hein? A segunda maneira foi a de encapar as revistas, aí pensavam que estava lendo os livros da escola.

Com oito anos, fui para João Pessoa visitar as minhas tias e meu irmão mais velho, que já morava lá. Então, lá, de início, não tinha como ler as revistas, mas tinha muitos livros de meu irmão. Foi então que li muitos romances, esses, claro, sem censura ou orientação, mas com permissão. É muito bom ter liberdade para ler. Fiquei na casa de minhas tias uns dois anos, frequentei a escola que, por sinal, eram bem diferentes das escolas goianas. O que mais gostava de estudar nesta época era a história de Paraíba. Como faleceu João Pessoa, a política da época e por aí vai.

Não tenho um gosto definido de leitura, devido a sempre ter lido o que tive em mãos. Sempre que me dou uma tarefa, quero cumprir da melhor forma, e isto também acontece com a leitura. Por falar nisso, o pouco que li sobre Freud e Lacan aconteceu por trabalhar em uma escola, aproveitava muito o pouco tempo livre que tinha. O meu refúgio era a biblioteca, claro, lendo.

Sempre busquei fazer todos os cursos que a prefeitura oferecia. Isto graças ao hábito de ler tudo o que se colocava nos murais e na sala dos professores. Nunca esperei diretora, coordenadora, autor ou até mesmo um colega me dizer que estavam abertas as inscrições para um curso. Entre tantos, um curso foi oferecido pela Prefeitura de Goiânia e pelo Governo Federal. O legal desse curso é que ele era misto, havia professores, administrativos, representantes do Conselho Municipal e funcionários da SME. O encontro durou duas semanas.

Em meio a uma palestra, de cujo título não me lembro mais, mas foi de dois dias com uma professora da UFG. A palestrante me encantou por tanta segurança, tranquilidade e um notável domínio do assunto. Sempre usava os intervalos para sanar alguma dúvida. No primeiro dia, tive vontade perguntar alguma coisa, porém não tive coragem. Havia nela algo que me incomodava. No dia seguinte, no primeiro intervalo, aproximei-me dela e, no momento em que ia fazer a pergunta, outra pessoa atravessou e iniciou uma conversa. Saí meio chateada e calada. Quase no fim do tempo de intervalo, ela chegou e me perguntou: "O que era mesmo que você ia falar?" Acho que me assustei e fiquei a pensar. Ela insistiu e então falei que a palestra dela estava me levando a pensar não sobre assuntos profissionais, mas sim com assuntos pessoais e particulares. Ela me disse que iríamos conversar depois, já que o tempo de intervalo havia terminado, prometendo retomar o assunto posteriormente. E foi passando o tempo e acreditei que não ia dar em nada. Quando a palestra terminou, as organizadoras do evento teceram elogios e agradecimentos e anunciaram novo intervalo, já que em seguida outro palestrante iria começar. Entre um pão de queijo e outro, comentando sobre quem seria o próximo a nos falar, ela se aproximou e começamos a conversar. Hoje, posso dizer que não me lembro o que conversamos, mas lembro que no final ela me passou o número do seu telefone a fim de agendar um encontro com ela em sua sala de atendimento, mas deveria ocorrer um tempo bem depois.

    O tempo passou eu fui à primeira seção. Foi muito legal, conversamos sobre muitas coisas e, no final do encontro, ela me perguntou se eu tive empatia com ela. Disse que sim e é verdade, então devolvi a ela a mesma pergunta, e a resposta foi sim. A partir daquele momento, acredito eu, teve início a minha psicanálise, sob a orientação da psicanalista GALCY.

Daqui para frente não vou falar do quanto esta profissional tem me ajudado. Quero só tentar expressar minha gratidão. Há muito tempo carrego este sentimento de gratidão por ela ter me aceito como analisanda. Sabe, no início eu achava que ela era psicóloga. No meu entendimento, só era psicanalista quem era psicóloga. Deste engano e vários outros que resolvi através da psicanálise, não encontro palavra que retrate o bem que ela tem feito em minha vida, e é muito bom. Agora que compreendo melhor a análise, consigo ver que a sua perseverança me levou a ter

segurança emocional para seguir firme no controle de minha vida, mesmo tendo DP. Quando penso no tempo em que estamos juntas neste tratamento, uns treze anos ou pouco menos, sinto vontade de te fazer uma pergunta: por que ela me aceitou? Certamente não foi por dinheiro, pois estou certa que dou mais prejuízo do que lucro.

Dizer a ela "muito obrigada" é pouco. Deixo registrado aqui minha enorme gratidão.

Aos irmãos da DP, relato a importância do psicólogo ou psicanalista em nossa luta. Sei que não alcançarei a cura, porém é possível, com ajuda destes e outros profissionais, alcançar um nível de autonomia muito bom.

Aparecida de Goiânia,
24 de agosto de 2019.

Hobby ou terapia ocupacional

A doença de Parkinson me induz a vários sentimentos enganosos. Eu, por muitas vezes, acho que estou normal. Para os outros que me veem, estou lenta. Ao perceber explicitamente a visão de mim no olhar de outra pessoa, chego à realidade de como realmente me encontro. Neste exato momento, a indagação me vem: o que fazer? Tudo o que é possível tenho feito. Medicação em dia, exercícios físicos, leio, enfim: estou lenta.

Meu *hobby* é o crochê. É um artesanato com um leque muito grande de possibilidades de se fazer peças: tapetes, chapéus, toalha de mesa, bicos em pano de prato, bonecas, flores e uma infinidade de coisas. E a maior vantagem é que, se errar, é muito fácil desmanchar. O crochê, muitas vezes, é indicado por médicos para efeito de terapia ocupacional. Além de que, de vez em quando, há a possibilidade de se ganhar um troquinho.

O maior benefício que o crochê vem me proporcionando é a luta travada entre o que quero fazer e o meu cérebro em processo de degeneração, segundo os neurologistas que me atendem. É uma luta desigual, na qual eu tenho certeza que sei fazer aquele determinado ponto e meu cérebro diz: não! Muitas vezes ele ganha e também aparece nitidamente a lentidão. Mas o prazer de ver uma peça pronta é imenso. Quando não tenho alguma encomenda, me dedico a fazer boneca de crochê. Nestes momentos que estou a fazer crochê, acredito me transportar para o mundo dos altistas, especificamente meu. Muitas vezes chego a sofrer quando termino a peça.

Não sou muito organizada e vivo a procurar desafios para fazer. Sabe, muitas pessoas me dizem para abrir um canal na internet para ensinar. Não é isto que quero, estou amadurecendo a ideia de procurar trabalhos científicos, se há livros sobres as benesses do crochê para os DP. Este intervalo existente entre o real e o que pensamos é grande, de difícil aceitação; por consequência, o sofrimento. Os profissionais da saúde costumam dizer que sou depressiva, não sou nem estou. Só me permito sofrer por ver e sentir minha realidade.

Aí vem o crochê, que me proporciona acalento e prazer de ser capaz de fazer coisas lindas, que muitas vezes causa muita alegria a quem recebe uma boneca feita de minhas mãos em conjunto com meu cérebro.

Aparecida de Goiânia,
27 de agosto de 2019.

Leis

Há pelo menos uns oito anos que venho lutando para ter acesso às leis que podem me ajudar. Porque todo portador de DP, com o passar do tempo, vai aparecendo certas necessidades. Mesmo antes de me aposentar, já fazia esta busca. Vocês podem dizer que é simples, que está tudo na Constituição Brasileira, a lei máxima do nosso país. Sim, eu tentei, porém se faz necessário um profissional, no caso um advogado especialista em direito social. É um parágrafo que não esclarece nada, inciso que derruba o parágrafo, o inciso que traz de volta o parágrafo anterior... tem de ser um técnico para interpretar tal coisa.

Fiz uma verdadeira peregrinação nas secretarias estadual e municipal. Só encontrei apoio na Secretaria da Dificuldade de Locomoção, extinta pelo atual prefeito de Goiânia. Nesta secretaria, por se tratar de problemas de locomoção das pessoas portadoras de deficiência, me disseram que havia uma cartilha em construção. Seria da Secretaria em parceria com a UFG.

Tomei como missão atormentar a secretaria até que a tal cartilha fosse publicada. Durante mais de um ano foi meu ritual, uma visita presencial e duas vezes por semana eu ligava. Um dia, ao ligar, a assistente social me deu a boa notícia e pediu para que eu fosse buscar o meu exemplar. Quanta alegria! Fui no mesmo dia, na maior euforia, peguei minha cartilha acompanhada de CD. Tudo muito bom e elegante, papel de primeira, ilustração grandiosa. Dei uma breve folheada. Mas, ao chegar em casa, dei início a leitura. Vi que fizeram só um Ctrl C e Ctrl V da Constituição. Sem explicações. Li toda a cartilha e me senti mais confusa. A maior parte dos direitos que temos eu não sei.

Além dessa, sinto outras dificuldades. Nos requerimentos mais simples, como tomar a vacina contra H1N1, a primeira pergunta que o profissional de saúde faz é sobre o laudo do neurologista. Outra situação que me deixa irada é quando vou pegar um medicamento no Juarez Barbosa, órgão da Secretaria da Saúde Estadual. A regra é esta: a cada três meses tem de renovar o cadastro. Não vejo necessidade de tal renovação já que o Parkinson é uma doença crônica. Deve ser para forçar a barra para consultar um neurologista a cada três meses. É humanamente impossível. Vamos ser realistas. Fica muito caro ir a um neurologista particular, porque há poucos profissionais e, a maior parte, se descredenciou dos planos de saúde e do SUS. Aguardei dois anos para obter a primeira consulta via SUS e uma ou no máximo duas consultas por ano.

Agora, uma boa notícia: o Governo Federal autorizou que a nova cédula de identidade, além de todas as informações de praxe, pode-se acrescentar se a pessoa é portadora de doença crônica. Quero em Deus que se concretize esta possibilidade, pois vislumbro parcialmente o fim dos laudos para fins de comprovação.

Aparecida de Goiânia,
28 de agosto 2019.

O Corpo

Ainda tenho muita dificuldade de ver, observar, pensar e falar sobre meu corpo. Na infância, eu tinha a maior raiva dos adultos que questionavam minha mãe por que eu era muito magra. Logo após o questionamento, vinham as receitas caseiras de vitaminas para me engordar. Tudo isto ocorria na minha frente, porém não me perguntavam nada. O pior era que possuía uma saúde razoável. Mas eu não escapava da tal vitamina: este preparado foi o que mais minha amada mãe me obrigou, por muitas vezes de cinto na mão. Composição da coisa: Emulsão de Scolt, ovo e canela. Para os que não sabem o que vem a ser Emulsão de Scolt, é óleo de bacalhau bem grosso. Pensem na tortura para a minha pessoa, ainda mais porque não gosto de nada gorduroso. O bom de tudo isto é que permaneci até aos quarenta e três anos mais ou menos com quarenta e cinco quilos.

> Não, verdadeiramente não há necessidade da mágica nem do feérico, não há necessidade de uma alma nem de uma morte para que eu seja ao mesmo tempo opaco e transparente, visível e invisível, vida e coisa: para que eu seja utopia, basta que eu seja um corpo (FOUCAULT, 2013).

Nas religiões cristãs, as questões do corpo sempre estão ligadas à sexualidade. Neste quesito, a mulher sofre uma carga muito pesada de interferências. O culto da beleza, a moda ditando regras, o grupo social em que você pensa que pertence, e o cruel das figuras, o espelho.

Acredito que nenhum parkinsoniano tem a menor noção de quando, ou do exato momento no qual seu corpo passa a desenvolver o Parkinson ou qualquer outra doença. Mas agora chego a pensar que as transformações em meu corpo são fruto de um balaio de males: hipotiroidismo, hipertensão, bronquite crônica, Parkinson.

O fato que fiquei presa ao corpo utópico, só agora acordado. Meu Deus! O que fiz do meu corpo? De quarenta e cinco a noventa e dois quilos! Corri para um nutrólogo, especialista em obesidade, e endocrinologista, que me orientou a realizar uma bateria imensa de exame. Tudo estava ok, dentro do limite do que eu já previa. Só sai da pré-menopausa e estou nesta fase. A menopausa que também causa grande interferência no corpo. Lógico que foi elaborado um tratamento para perda de peso. Uma fórmula para emagrecer que interferia e era interferida pelos medicamentos da DP me deixava parecendo aqueles bonecos de posto. Não era uma simples tontura. Quando eu menos esperava, voltava um ou dois passos para trás ou para os lados, perdia um pouco da noção de tempo e espaço. Era hilário, complicado e deixava minha família muito aflita. Tinha de me escoltar e me escoltar até para ir ao banheiro. Isto durou quase uma quinzena. Assim que pude, corri para o neurologista me ajudar.

Aparecida de Goiânia,
10 de setembro de 2019.

As Dores

São muitas as dores crônicas em qualquer patologia de diagnóstico para sempre, as chamadas doenças de longa convivência. A diabetes é uma das maiores representantes desta categoria. A DP é outra. Após o diagnóstico e receitas, eu fui lançada de volta à rotina de todos os dias. Porém, já havia em curso uma grande modificação em minha vida. Ela jamais seria a mesma.
　　A interpretação do diagnóstico não se fez na primeira vez em que eu ouvi. Para mim foi e está sendo construída, dia após dia. Não há manual do Parkinson e suas causas. No meu caso, estou esbarrando nas dores e, através delas,

aprendendo. Pode se dizer que a DP me leva a outros problemas de saúde.

O caminho que venho percorrendo, não sei aonde vai me levar. Falo em relação ao tratamento do Parkinson por não ter informação da velocidade em que a degeneração dos meus neurônios ocorre. Também não tenho certeza do que faria com esta informação. Não sei o que fazer também as muitas mensagens enviadas através dos meios de comunicação, de cunho esclarecedor, geralmente enviada com muito carinho e desejos de que eu encontre ajuda.

Sempre fui lenta para tomar decisões. Muitas vezes, levo semanas sentindo uma dor para depois ir ao médico. Não chamo de preguiça, é por ter certeza que vou gastar e, em seguida, eles vão me dizer: "A senhora tem de perder peso". Compreendo o quanto é difícil, tomando a bateria de remédio que eu tomo. Outros dizem que não há explicações científicas, mas é notório que o Parkinson causa dores.

E quando recorria ao Google, eu ficava tonta com tanta informação, sempre com desconfiança se era verdade ou não. Quase sempre me perguntava: se existe este leque de oportunidades de tratamentos, porque os neurologistas aos quais fiz e faço tratamento não reservam uns minutos para me informar. Muitas vezes me vejo como zumbi vagando nas ruas. Tenho certeza de que não quero perder meus movimentos e minha autonomia, mas, a cada encontro com os profissionais da saúde, eles me confirmam que é isso que vai acontecer. Os remédios são agora uma forma tanto confortável quanto confusa.

Procuro suportar as dores físicas, por muitos motivos. Porém, penso que, se eu tomar analgésico a cada dor, andaria dopada pela enorme quantidade de analgésico ingerido.

As dores emocionais, estas, sim, são de derrubar qualquer um. Porque ela me pega bem dentro do meu ser. O luto por minha mãe tem sido uma das grandes dores. Ele ainda me paralisa por um tempo; em seguida, já tenho forças para continuar. Os medos têm de aparecer: o maior deles, ficar em uma cadeira de rodas, mas também os enrijecimentos, os esquecimentos. São dores permanentes.

O fato de estar aposentada me faz ver e sentir a dor da profissão ter sido interrompida por causa da doença. Muitas vezes me pego agindo como profissional da educação.

Aparecida de Goiânia,
12 de setembro de 2019.

Coisas Precoces

Os anos vão passando. Para a maioria das pessoas, isto é normal. Para um parkinsoniano é mais complicado. No início do meu tratamento de Parkinson, ia a consultas particulares. Por várias razões, hoje estou pelo SUS no Hospital das Clínicas. Durante uma década ou mais com o diagnóstico, é natural ir acumulando informações sobre a DP.
    Como se compreende um fato precoce? Parkinson é caracteristicamente doença de idoso. Por que então acontece com jovens? Aí estão os precoces. Foi o que aconteceu comigo. Paro para pensar e reflito: será que em minha vida houve outros fatos precoces?

Sim, primeiro foram meus dentes permanentes, que nasceram antes da queda dos dentes de leite. Lembro que falei para a minha mãe que tinha outros dentes. Ela verificou e me levou ao dentista e este fez a retirada dos meus dentes de leite. Aos nove anos de idade veio meu primeiro fluxo menstrual.

A DP veio cedo. Não sei se aos trinta e tantos ou aos quarenta e poucos anos. Penso eu que mesmo que soubesse a hora exata em que o Parkinson se manifestou em mim, não teria aceitado com mais ou menos facilidade. Também estas declarações não me levam a lugar nenhum.

Ao meu entender, a DP vem te dando sinais. É claro que eu não percebi nada até ele ser diagnosticado. Mesmo com laudo em mãos, muitas vezes delirei na esperança de que aquilo era um erro, que em breve ia ser percebido o engano e, desfazendo este, minha rotina voltaria a ser simples e corriqueira.

A rotina de agora é quase toda voltada para permanecer bem mesmo com Parkinson. Eu, em meu poço de egoísmo, preciso tomar atitudes com a vida além do DP. Parte mais difícil e dolorosa é equalizar a vida sem se vitimizar. Já fiquei muitos anos presa ao estado de vítima e não resolveu nada. Tenho clareza ao dizer que foi só prejuízo. Mesmo ao pôr fim neste estado, também esta maneira de pensar ou me colocar vem desde criança. Talvez mais um fato precoce.

Aparecida de Goiania,
18 de setembro de 2019.

Tempo Seco

Mais uma noite mal dormida, nada em especial, só calor. Sempre tive sono farto. Agora, com o clima quente e seco, padece tudo: cabelo, pele trincando, lábios rachados e sede sem fim. Muitos dirão para comprar um ar condicionado. Temos, refresca, mas deixa o ar mais seco.

Há uma relação profunda entre o tempo e a DP. O primeiro ano, acredito eu, foi o ano do luto. Eu penso que nunca saí da fase da raiva. Apesar de já terem me dito encontrar algo de bom que o Parkinson tem ou me trouxe. Ao longo de uma década tenho procurado não algo que me console, mas a esperança de que possa garantir minha autonomia. Insisto nessa questão porque já deixei de escrever belas frases e pensamentos; muitas vezes eles vêm à minha mente e logo se vão... e eu não lembro mais. Já fiquei muito sem jeito por não lembrar que fiz um par de sapatinhos de crochê. Quando a mãe do bebê veio toda feliz me mostrar o bebê com os sapatinhos, eu disse: "muito lindo o bebê!" Então, ao não fazer nenhuma menção à peça feita por mim, a mãe ficou meio entristecida e disse que fui eu quem fiz. Neste momento, a única resposta que podia dar foi esta: "Fico feliz por você ter gostado".

Uma das coisas que me chateia é perceber que um parente ou até mesmo uma pessoa qualquer pergunta a meu marido ou a um dos meus filhos como eu estou, sendo que estou próxima a quem pergunta. Então ouço a resposta e, através da explicação, sinto tristeza ao ver como estou sob o olhar da família.

O olhar de uma pessoa ou parente sobre como estou sempre me choca. Sempre me vejo no espelho, mas já levo a resposta pronta. Estou bem, isto é o que realmente importa, mesmo que seja só ilusão de ótica. Não cabe às outras pessoas tecerem uma opinião sobre meu estado a partir do olhar de uma segunda pessoa, mesmo quando está convivendo comigo. Sabe por quê? O Parkinson nos deforma, isto não tem como negar. Porém, é possível ter um bem-estar além da aparência física e mental. Vejo uma possibilidade perdida de um ótimo diálogo. Veja só: eu, explanando sobre meu estado de saúde, de leigo para leigo, tendo como partida as dificuldades aparentes da DP.

Aparecida de Goiânia,
27 de setembro de 2019.

O último texto

Nesta última semana de setembro, tenho pensado muito em terminar esse livro. Respeitando uma das minhas ideias, que vem a ser um final aberto: que o leitor, sendo ele parkinsoniano ou não, tenha vontade de dizer e fazer o final. Sempre achei que alguns finais dos livros que li poderiam e deveriam ter outros finais. Agora que escrevi alguns textos, é chegada a hora de fazer as amarrações e encaminhar para o desfecho. Meu problema consiste em como fazer um final aberto? Será que os romances de Jorge Amado possuem este tipo de final? Porque o fim do romance já é uma espécie do início do próximo.

Isto não se trata de um romance, e agora? Hum... o desafio está bom. É chegado o momento de sonhar dentro da realidade. O ato de escrever traz para quem escreve muitos benefícios.

Este livro é classificado como biografia, gostaria que ele fosse renomeado como remédio. Sabe por quê? Conto agora. Nunca tive contato real com um escritor ou escritora. Estou falando de ter oportunidade de ter convivido com um autor. Tenho vários amigos que escreveram e editaram livros. Eles não conversavam sobre o ato de colocar no papel. Todo o processo de transformação que ocorre sem ser planejado é algo meio mágico. Não alcancei a cura da DP. Porém, resolvi muitos problemas emocionais, amadureci de forma calma e acreditei mais em mim. Libertei-me de muitos medos.

A ansiedade é filha do medo, irmã gêmea da pressa, é perita na fuga, rainha da fantasia, exigente de resultados, produz várias compulsões. Escrever me ajuda a entender melhor este tipo de sentimento. Através da evolução dos textos, fui me elevando também. Agora entendo bem meu desejo de que este livro tenha um final livre.

O Parkinson se apresentou em minha vida como um problema gigantesco, que me engolia a cada consulta ao neurologista, gastava toda minha cota de autoestima. Claro, não foi só a escrita do livro que tem me ajudado na luta contra a DP. Mas, sem nenhuma dúvida, compor este livro é o melhor dos remédios.

Aparecida de Goiânia,
7 de outubro de 2019.

Balaio

Não sei quando meu mano mais velho recebeu seu diagnóstico de Parkinson. Mas, em um telefonema, ele me disse que estávamos no mesmo balaio. Entre nós, nordestinos, esta expressão significa que estamos juntos.

A princípio, mesmo relutando contra o sentimento de tristeza que insistia em tomar conta de mim, continuo a ouvir o que ele estava dizendo sobre a situação em que ele se encontrava.

Fiquei sem entender a conclusão dele. Eu já estava há vários anos com a DP, e o diagnóstico dele era equivalente ao meu? Ou era só no campo afetivo?

Não me restam dúvidas do meu querer viver. Minha ousadia é tamanha que além de querer viver ainda por um bom tempo, luto firme para que este período seja com autonomia, tanto física com mental.

Balaio é um grande cesto. Aqui em Goiás se usa no interior, nas fazendas. Já em minha terra natal ou na região Nordeste, acredito que o uso do balaio ainda é grande. Na infância, o dia que eu mais gostava era sábado, porque era dia de feira. O sistema de fazer feira ocorria da seguinte maneira: minha tia comprava algo e deixava na banca e ia repetindo até o fim da lista. Então procurava o baleeiro, que cobra uma quantia. Feito o acordo, voltávamos banca por banca e colocávamos as compras no balaio. Em seguida, caminhávamos para casa, e o senhor trazendo na cabeça ou no ombro nossa compra.

Minhas intenções de escrever nunca foi nem é de desistência de viver. Muitas atitudes que tomei foram por medo, insegurança e luta para não fantasiar a realidade. Ter um confronto direto com o Parkinson, sem sombra de dúvidas, para mim, é a melhor forma de combater os sintomas. Acreditar que vou alcançar autonomia durante enquanto viver. Mesmo o neurologista dizendo que a natureza não vai mudar e eu vou trilhar o mesmo caminho da maioria dos parkinsonianos.

Nunca pensei no paradoxo que é a distância. Ao mesmo tempo em que ela existe e é imensa, às vezes ela simplesmente inexiste. Quando se trata de sentimentos, por exemplo, é como se a distância não existisse. Mas, quando pensamos na ausência física, aí sim, ela existe e machuca.

O meu irmão mais velho é muito importante para mim. Mas o que o faz ser tão especial? O fato de ele ter comigo um relacionamento de amizade e de confiança. Quase nunca usou a autoridade de irmão mais velho, sempre confiou em mim. Sempre me deu liberdade para conversar sobre qualquer coisa com ele. Grande parceiro!

Recordo do dia em que nós conversamos sobre meu diagnóstico de Parkinson. Agora não tenho certeza se aquela chama, que é uma de suas características, era real naquele instante.

Comparo a doença de Parkinson ao cupim, ambos os casos são sutis. Quando se tornam perceptíveis, já se instalaram. E vão corroendo sem dó ou piedade, causando prejuízos irreparáveis.

O cupim corrói a madeira. E é muito custoso e trabalhoso exterminar. A doença de Parkinson não tem cura, a medicação é um paliativo necessário. A DP vai, pouco a pouco, varrendo suas lembranças, enrijecendo seus músculos, trocando seu modo de andar por uma marcha estranha e te dando falsas certezas.

Quando este texto chegar em tuas mãos, pense que é apenas uma declaração de carinho e agradecimento por tudo que você me ajudou a construir.

Só agora sou capaz de admitir que não entendo a natureza e nem quero mais tentar. Não é filosofia de brancas nuvens. É, sem sombra de dúvidas, a dureza de se ter Parkinson.

MAL DE PARKINSON

A rotina do parkinsoniano
É uma batalha a todo o momento.
Além dos tremores,
E às vezes das dores,
Que causam sofrimento,
Tem como consequência principal,
A perda gradual, dos movimentos.
É uma doença sem cura e degenerativa.
Que maltrata, maltrata
E tem a morte como batalha final.
É necessário, manter-se sempre na ativa.
Com muita fé, o apoio da família,
Exercícios físicos e mental,
Pode-se adiar por certo tempo,
Este desfecho brutal.

Dr. Antônio de Lisboa Arruda Silva
Medico Clínico Geral e Médico do Trabalho. Poeta e Escritor.
Portador do mal de Parkinson a quatro anos.
Itaporanga, 02 de março de 2020.

Aparecida de Goiânia,
09 de outubro de 2019.

Conto de Fada

Sempre pensamos que os contos de fada existem só nos livros infantis. Dentro de nós, sempre estamos a acreditar que o final de qualquer problema termine bem para nós. Sem perceber, é constante tais pensamentos, com finais felizes.

Seria até hipocrisia se minha pessoa dissesse que nunca me peguei lutando com meu inconsciente para obter um bom resultado de uma simples divergência de opinião. Claro que é uma espécie não garantida de um feliz para sempre a minha luta contra a evolução da DP.

A afirmação dos médicos é sempre a mesma. Eles não deixam nenhuma dúvida em relação à evolução do Parkinson. Tudo o que está fora do diagnóstico é tratado com tratamentos alternativos sem garantia de retorno, mas necessária: exercícios físicos e outros profissionais da saúde. Quando saio dos limites determinados por estes especialistas, caio em um mar profundo de dúvidas, medos e uma certa solidão. Porque é natural dos seres humanos sempre procurarem um caminho mais fácil e agradável.

"As histórias de fadas falam ao nosso consciente e ao nosso inconsciente e, por conseguinte, não precisam evitar as contradições, já que elas coexistem facilmente no nosso inconsciente" (BETTELHEIM, 2002).

Este livro é encantador porque revela esta face do efeito dos contos de fada, mesmo em mim, que tive pouco contato com eles na infância.

Deixo expresso, dentro da minha pequenez, que, mesmo dentro de uma realidade totalmente adversária, consigo ver as inúmeras possibilidades breves de ter, de certa forma, um final feliz.

Então considero que todos os dias alcançamos breves e satisfatórios contos de fada, sem, com isto, se infantilizar. Só perceber e se sentir feliz.

Aparecida de Goiânia,
19 de outubro de 2019.

Relacionamento

Não existe um exame para auxiliar o médico no diagnóstico. Este é feito com base em testes feitos e sintomas. Por exemplo, nem todo tremor é Parkinson. O profissional da saúde chega ao diagnóstico do paciente por meio de testes feitos ali mesmo no consultório e de relatos dos sintomas feitos pelo paciente.

No meu caso, apesar da perda das lembranças, de vez em quando lembro, muito nitidamente, do momento em que, após os testes no ambulatório, a neurologista, Dra. Anne, me disse, sem a menor dúvida: você está com Parkinson. Ali morria a esperança do engano, de que teria outro tipo de tremor. Sim, é Parkinson. As palavras em meus ouvidos soavam com um metal atravessando meu coração. É uma dor sem dor, o fim sem fim, a morte sem morrer. Então as lágrimas tomaram conta da minha face.

Revivo agora os momentos seguintes. A médica me perguntou se eu queria me aposentar, pois a DP me dava este direito a partir do diagnóstico. Saí da clínica Synapolys com três receitas, os relatórios e o coração partido.

Com a certeza da doença, o que fazer? Onde procurar ajuda? Como encontrar uma pessoa que te ouça, sem interromper a narrativa, e parte para o tipo de consolo mais sem nexo, a célebre frase: Parkinson não mata.

Vaguei pelo Google à procura de conhecimentos sobre a DP. Li e reli muitos artigos acadêmicos, pesquisas científicas de renomados neurologistas especialistas em Parkinson. Tudo convergia para o que mais me fazia sofrer: a questão de a doença ser crônica e de-ge-ne-ra-ti-va. A falta de conhecimento a respeito da patologia fez aumentar meus temores.

Mergulhada neste mar de conflitos emocionais, sem vislumbrar uma alternativa de entendimento da doença, das coisas de minha vida profissional. Apesar de já ter quarenta e uns, estava realizando um dos meus sonhos: eu estava na faculdade, no curso de Pedagogia.

Volto ao título e quero afirmar que este entendimento que hoje acredito ter sobre a DP foi adquirido com muita luta. No início, revoltei-me contra as pessoas por me julgarem chorona e me classificarem como depressiva. Condenada para sempre a uma patologia horrível e não posso chorar? É a parte deste assumir que me concedo o direito de sofrer, de querer saber mais do que os profissionais da saúde me dizem.

Hoje, ao entrar em um consultório para qualquer consulta, o médico pergunta o que eu sinto e o que me leva a esse sentimento. Então, faço o meu relato, como e leiga que sou, a respeito dos sintomas. Nos minutos seguintes, vejo o médico se apropriar das minhas informações e transformá-las em uma linguagem científica, não mais compreensível para mim e de propriedade dele. A mim, apenas me é orientado tomar a medicação, com o mínimo de esclarecimento e pouca empatia entre o profissional e a paciente.

Levei não sei exatamente quanto tempo, nem em qual momento atravessei a fase da autopiedade, para apropriar-me, de maneira completa, da DP e suas mazelas, agora administrada por minha pessoa. Recordo que iniciei meu tratamento pelo convênio. O IMAS é o plano de saúde dos funcionários da prefeitura de Goiânia. Devido à má administração e a roubalheira dos administradores do plano, creio eu, os neurologistas especialistas em Parkinson, um por um, foram saindo do plano de saúde. Acabei tendo de arcar com os valores da consulta particular.

Em uma das consultas periódicas, por saber que a médica faz parte do corpo clínico do HGG, pedi a ela que me arrumasse uma vaga no hospital público. Fui orientada que só é possível entrar para tratamento nos hospitais públicos via SUS. Assim o fiz. Após o encaminhamento do clínico geral solicitando uma vaga para tratamento neurológico. Passaram-se dois anos e veio a comunicação de que fui encaminhada para tratamento no Hospital das Clínicas de Goiânia.

Sabe, é uma diferença gritante entre o tratamento por convênio e o público. Se há um afastamento entre o profissional e o paciente no particular, não existe relacionamento no público, uma vez que só há uma ou duas consultas por ano. Sequer isto pode ser chamado de tratamento. Questionei o profissional sobre a razão de uma consulta por ano, argumentando que isto não é tratamento. Ele respondeu que isso acontece devido à grande quantidade de pessoas; e que é somente isso que o departamento de neurologia pode ofertar.

Antes, eu me sentia de certa maneira amparada pela Dra. Anne. Mas foi ela que me explicou que o Dr. Delson José da Silva foi professor dela e que seria melhor continuar o tratamento com ele.

Como em sentimentos não se manda, no princípio me senti largada. Passei a discutir a dosagem da medicação, não aceito indicação de ansiolíticos. E passei a anotar durante o intervalo de uma consulta para outra minhas dúvidas, medos e esclarecimentos, questiono ser avaliada pelos residentes, porque eles não vão estar na próxima consulta.

"A pobreza é um fato econômico que a assistência deve remediar enquanto existe; a doença é um acidente individual a qual a família deve responder assegurando à vítima os cuidados necessários. O hospital é uma solução anacrônica que não responde às necessidades reais da pobreza e que estigmatiza o homem doente em sua miséria. Deve haver um estado ideal em que o ser humano não conhecerá mais o esgotamento dos trabalhos penosos, nem o hospital que conduz a morte. Um homem não é feito nem para os ofícios, nem para o hospital, nem para os hospícios: tudo isto é horrível! (FOUCAULT, p. 48).

Escrevo o que sinto, o que penso ter entendido, tenho uma certa tristeza pela convivência com a DP. Agora vejo cura. Não do Parkinson, pois não existe. A minha cura é lutar e acreditar que é possível chegar com autonomia até os últimos dias. Autonomia para mim é, de certa forma, uma espécie cura, porque, mesmo tendo um cérebro doente, ele me responde quando insisto em estimulá-lo.

Aparecida de Goiânia,
20 de outubro de 2019.

Solidão

Desde o momento em que recebi o laudo que afirma e reafirma minha patologia, percebo agora que se inicia um período diferente. Mesmo eu querendo, não encontro uma pessoa para jogar conversa fora e dentro desta conversa, falar sobre Parkinson. Claro, devo dizer que fui muito abençoada ao iniciar a análise antes do diagnóstico da DP.

Até 2018 estive procurando por um grupo de iguais, que me permitisse expor meus ganhos e minhas dificuldades, um grupo onde pudesse ser ouvida e compreendida por pessoas que possuíssem sentimentos semelhantes. A família está sempre próxima com carinho e disposição, porém as dores, as sensações que são próprias do Parkinson, são imensuráveis para uma pessoa que não tem a doença.

Então eu, muitas vezes, me vejo mergulhada neste tipo de solidão. Foram pensamentos assim que me levaram a compreender a necessidade de ter um *hobby*, ou uma terapia ocupacional para que a ociosidade não me traga a frustração de não estar na ativa em minha profissão, mesmo recebendo o pagamento integral como aposentada.

Hoje digo com muito carinho a maravilha de ter encontrado a Associação dos Portadores de Parkinson de Goiás – ASPARK-GO, onde fui muito bem recebida pela presidenta e todos os membros e cuidadores, familiares e convidados.

É a realização de um sonho ter um lugar onde eu possa livremente falar sobre tudo, ouvir muito, sorrir e trabalhar em prol de mim, que é também o outro, e tudo ali é realizado para o bem-estar dos associados. Não nego a chegada das limitações e de outras dificuldades às vezes causadas pela medicação ou por outros fatores.

Muitas vezes este estado me causa solidão e tristeza. Por outro lado, se é uma quinta-feira e tem chá das quatro, aí está a solução. Sempre bem organizado com todos os membros compartilhando muitas coisas. Também de vez em quando se transforma em reunião. Sem falar nos comes e bebes e uma fantástica troca de receitas das guloseimas muitas vezes feitas por nós mesmos.

Reconheço a bondade, carinho e disposição de muitos profissionais de vários campos da saúde que, por meio da Associação, prestam serviços gratuitamente. Falando em serviços, deixo aqui registrado a beleza de ver a família da presidenta tão engajada na associação, assim como também as pessoas simpatizantes de nossa causa que trabalham voluntariamente.

Não há uma maneira de expressar tudo que sinto, nem como relatar todas as benesses que a ASPARK-GO tem feito em minha vida, mesmo tendo ficado um pouco distante dela, pois no início de 2019 fiz um passeio para o interior de São Paulo, onde fiquei durante quatro meses; em seguida, fiz uma cirurgia e fiquei mais dois meses afastada. Agora estou lutando contra a balança, e também não tenho comparecido. Tenho firmeza de que, a partir de novembro, vou ser mais atuante.

Aparecida de Goiânia,
21 de outubro de 2019.

As mensagens enviadas pelo cérebro

Nunca dei muita atenção ao meu corpo. Acreditava no pensamento, de poder fazer o que quisesse e ele responderia, que não haveria consequências. Grande engano. Por meio das mensagens cerebrais e corporais, recebi inúmeros recados e fui protelando, fingindo não entender.

Por tentar resolver meus problemas através da razão e muito anular os sentimentos, sempre me pautei por decisões que contemplassem a todos, para que eu não tivesse de fazer uma escolha e desagradar alguém. Por isso, muitas vezes me anulei e deixei de lado as dores de meu corpo. Passei muito tempo construindo um espelho perfeito de mim mesma, que nunca saiu do plano da mente. Na realidade, não durava absolutamente nada.

Fugir da realidade, muitas vezes, é um modo desesperado de viver. Vivi muitas experiências de relacionamentos ruins. A exemplo disso, cito a convivência com meu pai, um alcoólatra que não sei se já tinha transtornos psiquiátricos antes de iniciar seu problema com a bebida ou se desenvolveram por causa do consumo de muito álcool durante o dia durante muitos anos.

O bom de ser leigo consiste em acreditar e falar, sem fontes teóricas, sobre assuntos peculiares. Falo aqui sobre minha formação religiosa. Nasci em um lar de católicos. Minha mãe, católica apostólica praticante, mas o marido era mentiroso, vagabundo, falso e violento. Dentro deste contraste, fui construindo minha fé.

E hoje? Sou católica, de tendência da teologia da libertação, onde se pratica a fé sem separação do corpo e da alma. O cristão também é um ser político, responsável por seus atos. Não há espaço para o maligno ou qualquer denominação que se venha dar ao satanás. A teologia da libertação prega o formato de sociedade circular e não piramidal (como é o formato atual), onde todos, cristão ou não cristão, doutor ou não, desempregado ou não, pobres ou não, são iguais.

A doença de Parkinson me expõe fisicamente por causa das modificações: a maneira de andar, a postura da coluna, um certo atrofiamento lateral do lado direito. O perfil psicológico já é muito mais difícil de ser percebido, por não estar explícito, por muito que se leia, converse e procure entender. Todas as possibilidades já pensadas por mim para ter um futuro com bem-estar e autonomia sempre são frustradas pela classe médica.

Após a escrita de vários textos, pude observar duas coisas muito importantes: ao escrever, coloco meu sentimento e abro um espaço para observação do efeito daquela informação dentro do universo de meus saberes. Tornei-me mais atenta aos sinais do meu corpo. Ocorre também uma espécie de calma por meio da qual pude perceber que meu cérebro me envia mensagens.

Estas mensagens nem sempre são lógicas, ou tampouco racionais. Há mensagens enviadas por ele com muita falta de coerência. Ele me manda várias mensagens de medo que já superei, e outras que nem tanto merecem ter medo. Já percebi mensagens me induzindo a cair. A maior vantagem para mim neste campo está sendo a de ser capaz de fazer minhas escolhas. Livre de qualquer interferência externa.

Aparecida de Goiânia,
31 de outubro de 2019.

Medo

Se pensar bem, acredito que este texto deveria ser o primeiro deste livro. Simples. Em todos os tempos, o medo sempre comparece. Medo que leva à omissão? Não. Então, o medo que cala? Também não. O medo de ser pego na mentira? Com certeza não. O medo das tragédias? O medo dos fenômenos da natureza? Afirmo que não. Quantos modos diferentes tem a face do medo?
    Pode-se descrever inúmeras nomeações sobre o medo, que é este sentimento tão peculiar a todo ser humano. Em mim o medo que me incomoda é o medo da morte. Não são necessários grandes problemas de saúde para que eu venha a ser invadida pelo temor do fim dos meus dias.

Nunca soube lidar com o medo da morte. Para simplificar, não gosto de nada que remeta à morte. Exemplificando: o corte de uma árvore, um animal morto no acostamento de uma BR, a demolição de uma edificação, o rasgar de um livro e tantos outros exemplos que poderia dar.

Sou contra a caça esportiva, pesca e outros. As poucas vezes que vi pessoas praticando a pesca esportiva, me causou repugnância o fato de pescadores se acharem heróis por pescarem grandes peixes. E depois das fotos, retira com um alicate o anzol da boca do animal para, em seguida, soltá-lo na água. Ainda o fazem sorrindo, achando que praticaram um ótimo ato. Eu fico pensando na dor que o pobre animal está sentindo ou se vai perecer.

Abomino qualquer tipo de assassinato, porque é vida que se vai. Para mim a maior beleza de ser cristão está em defender a vida sem hipocrisia. Quando vejo muitos que vão à igreja, qualquer que seja a religião, dizendo que bandido bom é bandido morto, que aquele ou aquela não merece viver, na minha concepção, não é cristão. Todo ato ilícito deve ser punido de acordo com o ato praticado.

Quando acontece de a polícia matar um bandido, muitos dizem que não irá fazer falta. Eu penso que, por mais abandonado que seja, sempre haverá uma mãe, um filho, um parente que irá chorar à beira do caixão.

Estou escrevendo estes parágrafos no sentido de acalmar meus sentimentos de sede, cansaço, dores e também para passar o tempo, para logo chegar a hora de ir encarar o centro cirúrgico e a maior das feras, a maca. Tenho muito medo do metal frio que recebe meu corpo. O espaço é exíguo e limitado. Ontem, ao comentar com algumas amigas sobre este medo, elas me indagavam sobre o que realmente me amedrontava. Eu disse que começa com a maca, pois falta maca e sobra bunda.

Aparecida de Goiânia,
05 de novembro de 2019.

Carlos Pato

Ao sair do consultório da neurologista, tendo em mãos uma receita e a cabeça girando com o diagnóstico, meu cérebro nunca processou tantas informações ao mesmo tempo. Passei pela farmácia. Chegando em casa, fui para o computador e varei a noite procurando o que não existe: o pó da cura mágica. A fé acima de tudo.

Nada achei. Nenhuma resposta para a minha angústia. Mudei de ideia, passei a procurar um grupo de portadores de Parkinson em Goiânia, não encontrei. O socorro veio de Brasília através do presidente da Associação dos Portadores de Parkinson do Distrito Federal. Minha agonia era tamanha que achei pouco passar apenas um e-mail. Telefonei e ele me atendeu, compreendeu, me ouviu e se tornou uma espécie de orientador. Me enviou dois livros. Para a minha reclamação de não haver nada em Goiânia para amparo das pessoas com DP, ele me dizia: faça você um grupo e, no futuro, pode se tornar uma associação.

Dentro de mim, até o ano passado, havia dois desejos: encontrar um grupo de parkinsonianos ou encontrar a tão sonhada associação. Aconteceu. Encontrei a associação, o que foi melhor do que sonhei. A presidenta e todos que estão à frente da associação, a meu ver, são incríveis. Sou muito agradecida a Deus por ter me dado a oportunidade de conhecê-los e conviver na ASPARK-GO. É um local de muita alegria, partilha, aconchego e, lógico, muito trabalho. É o lugar onde os voluntários são tão prestativos, dedicados, que muitas vezes são confundidos como membros.

Aparecida de Goiânia,
09 de dezembro de 2019.

Ser Especial

O que tem de especial em ser especial? Fico meditando a respeito dos esvaziamentos do sentido primário das palavras. Não é atribuição de outro significado, mas outro sentido. Não sei se isto procede gramaticalmente, mas acontece com muita frequência.

Hoje, os deficientes são chamados de especiais, ou portadores de necessidades especiais: visual, auditiva, de mobilidade, e o maior leque de todos: com déficit intelectual/mental. Para lidar com essas pessoas ditas especiais, é importante que as famílias conheçam tanto as formas de tratamento como busquem os conhecimentos científicos.

Mas aqui vai minha indagação: o que há de especial em ter Parkinson, esquizofrenia, síndrome do pânico ou depressão? Não são palavras simpáticas e carinhosas. Na sociedade, o impacto dessas palavras é menor do que os benefícios que elas trazem.

Quando decidiram acabar com os manicômios, hoje acredito que não foi para humanizar o tratamento, mas para tirar as responsabilidades e gastos do Estado e transferir para as famílias. Claro, estas atitudes só atingiram em cheio as famílias sem recursos financeiros. Para as outras, existem clínicas particulares de tratamento psiquiátrico.

No Brasil, a educação formal está também cada vez mais esvaziada, sem vislumbre de um horizonte claro e real. A maior parte das pessoas, mesmo tendo atingido um nível razoável de estudo, pode ser considerada analfabeta funcional.

São nestas condições que muitas famílias recebem seus entes queridos, com diagnóstico de uma doença que, no fundo, não sabem o que realmente significa. Não entendem sequer aquela nomenclatura, que muitas vezes está em outro idioma.

A família sai de um consultório com o parente com um diagnóstico que parece mais um enigma, um monte de esclarecimentos e recomendações não bem entendidos e uma receita. Dúvidas diversas. Mas o dia após dia é que vai fazendo com que aquela família entenda ou não o sentido concreto do diagnóstico e, mais ainda, que não há nada de especial em ter ou ser doente crônico. Digo e repito, não há absolutamente nada de especial em ter Parkinson. Começa pelo significado da palavra.

"Forma reduzida de doença de Parkinson ou mal de Parkinson. Etimologia (origem da palavra Parkinson). Do nome inglês James Parkinson, médico que descreveu essa doença" (https://www.dicio.com.br/parkinson/).

Aparecida de Goiânia,
18 de dezembro de 2019.

Os benefícios da academia para os parkinsonianos.

Por muito tempo, eu fiquei fazendo caminhadas, por mais de um ano fiz Tai Chi, e por muitas vezes fisioterapia. Levei muito tempo para entender e fazer valer que, tendo DP, não pode ficar sem atividade físicas.
    Adiei por anos minha ida para a academia. Sempre a achei sem graça e barulhenta. Natação também fiz durante dois anos. Mesmo fazendo exercícios regulares, ainda assim engordei, o que acabou me prejudicando muito. Vamos aos motivos e não às desculpas por ter engordado: ansiedade, falta de coragem, autopiedade, repouso.

Como resolver minha ansiedade? A ansiedade é um sentimento paralisante e, quando aparece, já domina logo o raciocínio e, muito rápido, o meu cérebro me apresentava a comida como fuga para os meus problemas. Também embutido na ansiedade, cometemos vários erros, e um deles é acreditar que mãe tem sempre de se abdicar de tudo em prol dos filhos, e nem sempre é isto que eles querem.

A falta de coragem que trato aqui não é a falta de vontade de trabalhar e, sim, ficar protelando uma decisão por menor que seja. Penso ainda que seria melhor ter raiva por ter Parkinson. Foi difícil admitir para mim mesma que tenho DP e que ela não é curável e que geralmente leva até a morte por um caminho de muito sofrimento.

Com relação ao repouso, neste ano fiz uma cirurgia simples, porém com um repouso de 30 dias. Dentre muitas coisas, na convalescência o que fiz foi comer. O resultado de tudo isto foi chegar à oscilação de peso entre 90 e 93 kg. Sendo baixinha, já pode-se imaginar os problemas que passaram a me acompanhar.

Está quase completando o terceiro mês que frequento uma academia junto com meu esposo. Dentre todas as possibilidades de me exercitar, a mais viável economicamente é a academia neste momento. No início estava fazendo exercícios regulares com restrições, pois não tinha alta médica para fazer todo e qualquer exercício. Juntamente com a ida à academia, fui orientada pelo professor que os exercícios físicos representam uma baixa porcentagem na fórmula para perda de peso. O grande trabalho vem da reeducação alimentar. Então comecei, à minha própria maneira, uma mudança alimentar. Não copiei nada de regime nenhum. Só passei a querer perder peso, resistir e fazer valer. Meu lema: EU NÃO NECESSITO COMER MAIS DO QUE UM PÃO DE QUEIJO. Anteriormente, eu comia de 2 a 4 pães de queijo. E assim tenho feito. Também não estou participando de encontros regados a petiscos e bolos, para não cair em tentação.

Acredito que os exercícios de musculação são ótimos, mas os que mais contribuem para a perda de medidas são os de Jump e o funcional. Quando o professor nos convidou, eu e meu marido, para fazermos estas duas modalidades, logo respondi que não, pois faz pouco tempo que tive alta. No fundo eu tinha medo de não corresponder aos exercícios.

A não aceitação das minhas negativas e a segurança de que estas modalidades de exercícios a princípio me proporcionariam melhoras em meu estado de saúde e dessa forma me levariam à tão sonhada perda de peso. É o que está ocorrendo. Me sinto mais leve e muito melhor com a perda de 4 quilos.

A vantagem disto tudo é que aconteceu naturalmente. O professor, proprietário da academia que frequento, é um homem muito dedicado ao seu negócio e muito responsável com seus alunos. O mesmo elogio para sua esposa. Ele gosta de estar atualizado. Então, ao perceber meu empenho e de meu marido, quando começaram a aparecer os resultados positivos, ele passou a fazer uma linha do tempo.

De vez em quando posta no Facebook e começa uma avalanche de curtidas, mas a última que ele postou ficou hilária. Foi uma daquelas antes e depois, dos quase três meses de academia e a perda de 4 quilos. Esta postagem ainda está sendo comentada mais do que a postagem em que ele demonstrava a minha dedicação aos exercícios físicos, apesar dos meus limites por ter DP.

Aparecida de Goiânia,
24 de dezembro de 2019.

Padrinho do Livro

Percebi que a escrita me permitia conversar comigo mesma. Sei que meu ego não é poéticoucaulto, estou mais para um ser chorão, que não concedia um único crédito aos primeiros escritos. Fui orientada a convidar uma pessoa para ser coautora do livro. Por quase um mês pensei em quem deveria convidar. Acredito que desde o início, inconscientemente, ele era o padrinho, não coautor. Porém o convidei para o projeto.
 Professor Maurício Paz Lemes. Conheci-o na faculdade quando cursei Pedagogia, logo no primeiro semestre. Professor de português, dono de um sorriso encantador, ele também ocupava o cargo de coordenador da Faculda-

de. Sou agradecida ao professor Maurício desde o primeiro semfestre. Não é fácil entrar para uma faculdade com quase 50 anos de idade, ainda mais já parkinsoniana e cuidadora dos meus pais.

Como não se explica amizade, nossa amizade aconteceu e ainda permanece. Não seria a primeira vez que eu o convidaria para me auxiliar com a escrita. O professor Maurício fez parte do meu tempo acadêmico durante todos os períodos, ora sendo professor, ora coordenador. Quando chegou o momento da construção do TCC, o bicho papão, havia a exigência que se formasse grupos de cinco alunos e um professor para a disciplina de orientação do projeto.

Meu grupo queria algo bem diferente de tudo que havia de temas, nós desejávamos um tema inédito para a jornada. Não queríamos o orientador que a faculdade nos oferecia, mesmo que fizesse parte da grade daquele semestre.

Seguindo em frente, estudar para meu grupo não era problema. Decidimos então que faríamos a disciplina normalmente, porém convidamos o professor Maurício para ser nosso coorientador. Nossos encontros para orientação foram muito divertidos, desde o primeiro. O melhor de todo o processo foi o método escolhido por ele.

Todas as quintas-feiras pela manhã daquele semestre, estávamos as cinco juntas com ele, em volta de uma mesa, bem forrada, e um desjejum muito variado. Excelente professor, mas nada bonzinho. Sim, exigente desde o convite, mas presente em todos os momentos, da escolha do tema até a apresentação do TCC à banca examinadora. Nós fomos conduzidas a tirar a melhor nota que possa uma aluna ou um aluno desejar. Escolhemos um tema inédito: O TRI-

PÉ DA EDUCAÇÃO: FAMÍLIA- SOCIEDADE-ESTADO. Foi ótimo desenvolver este tema.

Quando vejo um acadêmico sofrendo por estar construindo seu TCC, lá no fundo do coração agradeço a Deus por ele nos ter permitido conhecer e conviver com o Maurício. O 7º período foi muito divertido e até leve. Foi bastante emocionante nossa apresentação perante uma seleta banca. Sem sombra de dúvidas, a nota máxima: dez. Foi emocionante ouvir cada comentário e, em seguida, ouvir que conseguimos dez.

Tendo apresentado o mestre, vamos entender o porquê em promovê-lo de coautor a padrinho. No primeiro momento do convite ele já demonstrou muita alegria e viu no horizonte o lançamento do livro, com todas as suas características próprias. Tenho poucas certezas na vida, porém acredito que a divulgação deste livro nas mãos do professor como padrinho vai ser bem divulgado. Não estou fora da realidade. Maurício é o professor dos eventos.

Aparecida de Goiânia,
11 de janeiro de 2020.

Antena

Qual a função de uma antena? É fazer a transformação de energia. Neste caso, estou usando a palavra antena para uma comparação com Parkinson. De modo a dizer que a DP é uma espécie de antena. Catalisadora de doenças. Por mais que eu tente me ajudar fazendo de tudo para me manter bem, tanto física quanto emocionalmente, acabo contraindo Dengue, Zica, incontinência urinária e por aí afora.

Nas consultas atuais, desde que não se trate do Parkinson, eu omito a informação de que tenho DP. Porque há uma facilidade para os médicos saírem por esta tangente ao se depararem com um quadro e seus sintomas e estes não se enquadrarem em um diagnóstico comum.

Escrevo este texto não com amargura, mas para falar desta facilidade de contrair doenças casuais. No final de dezembro peguei Dengue, já nos últimos dias para finalizar o ciclo da dengue. Agora estou com virose. Chega a ser cômico, porém não penso como tragédia. Faz-me rir quando lembro do médico da emergência do Hospital e Maternidade São Lucas. No dia 8 de janeiro passei na emergência com todos os sintomas de dengue novamente. Ele prescreveu o kit de sempre: soro com vitamina B, dipirona e remédio para vômito. E o exame de sangue e urina.

Depois de tudo feito, tive de passar novamente no consultório para o médico ver os exames e informar sobre o possível diagnóstico. Foi muito engraçada a entrega dos vários exames de sangue nas mãos dele. Ele foi me devolvendo como se estivesse dando carta de baralho e dizendo: "A senhora teve dengue, teve dengue, teve dengue, agora não tem dengue, tem virose. Tome muito líquido, repouso, e virose se cura com o tempo".

Tento tirar proveito desta situação. De que forma? Assim, escrevendo. Não sei se quem ler vai sorrir. Mas pode lembrar de algum fato acontecido assim. É fato que Parkinson não é fácil. Confesso que já criei resistência contra a frase: "Parkinson não mata". Agora, pergunto a quem me diz isto: o que é estar vivo? Ou: me descreva o que é estar vivo. É o suficiente só respirar? Todos os dias acordo e tenho o dever de travar uma luta ferrenha contra a DP para ter uma parcela de independência. Todos os dias sou ameaçada por causa desta antena chamada de doença de Parkinson.

Muitas vezes gosto de achar conforto na literatura. Então, vou a Lima Barreto, no meu livro preferido: *O cemitério dos vivos*.

> Eu sou dado ao maravilhoso, ao fantástico, ao hipersensível; nunca, por mais que quisesse, pude ter uma concepção mecânica, rígida do Universo e de nós mesmos. No último, no fim do homem e do mundo, há mistério e eu creio nele. Todas as prosápias sabichonas, todas as sentenças formais dos materialistas, e mesmo dos que não são, sobre as certezas da ciência, me fazem sorrir e, creio que este meu sorriso não é falso, nem precipitado, ele me vem de longas meditações e de alanceastes dúvidas (BARRETO, 2017, p. 9).

Lima Barreto viveu em outro século, porém seus livros ainda têm muitos fatos descritos que permanecem com traços dos tempos atuais. Este livro foi publicado em 4 de janeiro de 1920. O autor relata neste as inúmeras dificuldades que viveu como paciente psiquiátrico, por alcoolismo. Ele também faz observações a respeito das reformas dos métodos de tratamentos.

No universo das leituras que tenho feito, sempre vejo que ser leiga no assunto relacionado ao Parkinson e suas consequências tem suas vantagens e desvantagens. Por exemplo, existem muitos tremores que não têm nomeação. E não são DP. Nunca entendi qual é a relação clara do Parkinson e as doenças mentais.

Aparecida de Goiânia,
14 de janeiro de 2020.

Ida ao Médico

Se aproxima o dia da consulta. Penso em como será. Já estava com o coração tranquilo, entre aspas, apesar de não ver progresso no meu estado desde o dia 28 de dezembro de 2019. A médica de plantão me tratou como se eu estivesse com dengue.
 As festas de fim de ano passaram para mim com muita tristeza. A dengue não passou. Parecia que era outra coisa. Na minha mente, o que eu estava sentindo não podia ser real.
 No dia 09 estive em outro pronto-socorro me queixando do quadro que me levava a crer que a doença estava mais forte. Foi feito o kit para tirar as dores e náuseas, enquanto aguardava os resultados dos exames de sangue e urina. Estes

ficaram prontos três horas depois de coletados. A interpretação do médico foi que eu não tinha dengue e sim uma virose.

Hoje fui ao cardiologista. Era para ter sido uma consulta de rotina. Queixei-me de tudo que estou sentindo e mostrei os exames. O médico fez uma nova interpretação e voltei à dengue. Voltei a ter dengue.

O que me preocupa não é a nomeação dada, dengue, virose ou qualquer outra coisa. O fato diferente é o que estou sentindo nas pernas. Sei que o médico é um cardiologista, porém ele sempre me ajudou a entender o que se passa comigo. Em relação às pernas, ele me orientou que assim que terminar este quadro de dengue, eu procurasse um neurologista.

E agora? O que eu faço? O que estou sentindo nas pernas me leva a pensar: "Meu Deus, é a DP se aproveitando da virose ou estou desenvolvendo outra doença".

Fui orientada a esperar uns dias para ver se, quando passarem as dores, o peso nas pernas também acabe.

Escrevo este texto com muita tristeza, não por estar doente, mas por reforçar o texto "Antena". A doença de Parkinson corrói toda projeção de horizonte claro. É sofrida toda e qualquer palavra escrita, pois elas vêm para ir dizendo que primeiro, você está caminhando para as sequelas do Parkinson e tudo de ruim que vem junto; segundo: que fim deu a tua luta constante?

Decidi que não vou deixar este fato tirar de mim a esperança de chegar até o fim da vida com ótima independência pessoal. Descobri que escrever a respeito do que se passa comigo é, sem sombra de dúvida, muito bom. É um diálogo no qual, muitas vezes, falo e me ouço e ainda tenho a possibilidade de falar ou não sobre o fato com o qual não estou confortável.

Tenho percebido que estou sentindo uma diferente tontura. Percebi que meu cérebro está enviando ou projetando meu corpo para o chão. Ora é uma mensagem direta e clara, ora somente em forma de tontura.

Não comentei com ninguém porque estou pensando se este fato é real ou uma espécie de engano promovido por este cérebro com DP.

Aparecida de Goiânia,
21 de janeiro de 2020.

Entre o medo e a esperança

Toda vez que acredito ter dengue, surge o medo, como o fantasma, ou a sombra negra do meu sofrimento. Esta última vez que fui diagnosticada com dengue, que teve início em fins de 2019, foi a pior das quatro ou cinco vezes que adoeci.

A sombra terrível da sequela neurológica da dengue é principalmente não conseguir andar, dores e uma sensação de peso se juntam formando uma imensa dificuldade de levantar e dar os primeiros passos. Isto vem ocorrendo há mais de quinze dias. Sei que está ficando insuportável essa espera pelo fim desse quadro de dengue para, em seguida, aprofundar o tratamento destas dores.

São nestes momentos que questionamos o que o Parkinson tem a ver com isto? Chego à conclusão de que a Doença de Parkinson é a chave que permite contrair estas doenças oportunistas. Não tenho base científica para tal afirmação. Por outro lado, o que justifica eu já ter tido dengue por várias vezes? Sem falar em gripes comuns.

Ontem me dediquei a pesquisar sobre as sequelas da dengue. Por ter ouvido várias vezes de variados profissionais da saúde que o melhor lugar para se tratar a dengue é os Cais, Upas, enfim, o SUS. Foi o que fiz. Que decepção! Não tinha nada muito explicativo. Então dei outro passo e fui para o Ministério da Saúde. Este órgão do governo federal tem o dever de disponibilizar um canal, ou site, telefone, sei lá, algo que pudesse nos responder de forma clara e objetiva. Mas não tem.

Escrevo este parágrafo para dizer que se multiplicam as dificuldades para nós, usuários do SUS e funcionários. No dia 28 de dezembro já estava sentindo a maioria dos sintomas da dengue e também sentindo dificuldade para respirar. Junto com meu marido, saímos para a unidade pública de saúde mais próxima, lógico. Era domingo. Ao chegar nas proximidades, já vi: não tinha atendimento! Mesmo assim nos dirigimos à recepção. Havia cerca de três ou quatro funcionários para dizerem que não tinha médico para atendimento. A pergunta óbvia: onde tem atendimento? Pasmem, disseram que pode ser possível que haja atendimento na UPA do setor Buriti Sereno. E eu estava na UPA do setor Tiradentes!

Após confirmar pelo telefone que estava tendo atendimento, nos dirigimos para lá, afinal, eu queria e estava necessitando de atendimento. De início deu para notar a falta da presença do governo, uma estrutura sem muita forma de organização, isso sem nem mencionar a lotação. Mas o atendimento foi rápido. Já na recepção havia muitas pessoas com dengue esperando serem chamadas para o atendimento médico. Procurei um lugar para sentar. Sentei ao lado de um menino que logo veio a vomitar no chão. Filme difícil de assistir. Depois apareceu uma funcionária da UPA e jogou papel de enxugar mãos por cima da sujeira. Tempos depois, passei pela triagem de classificação de risco e fui encaminhada para o laboratório de coleta de sangue, e a sujeira ficou lá.

O que não dá para entender é a maldade dos governantes permitirem um acúmulo de tantos doentes e tão poucos médicos e funcionários. Vou pular detalhes e vou direto ao que mais me preocupou. Depois que passei pela médica, fui encaminhada para receber a medicação. Cheguei em frente a uma minissala com uma única atendente, que recebe a receita e separa os medicamentos para seu uso. Em seguida, fui chamada em outra sala não muito maior, com oito funcionárias. Uma delas é quem ministra a medicação. Estava prescrito para mim duas injeções, 1000 ml de soro glicosado com VB e três erosões. Ela me aplicou as injeções e puncionou minha veia, colocando o soro para correr e com a máscara de erosão na mão; depois me disse para ir à sala de repouso. Uma sala ampla, cheia de cadeiras reclináveis e superlotada.

Acredito que era uma auxiliar de enfermagem que estava me conduzindo. Chegando lá, não havia nenhuma cadeira disponível. Eu teria que ficar próxima ao cilindro de oxigênio para dar continuidade ao aerossol. Então a funcionária aproximou-se de uma mulher que estava sentada recebendo medicação e disse que já estava bom o tanto de soro que tinha recebido e que precisava do lugar para eu receber a medicação.

Após ter terminado o soro e o aerossol, fui eu que fechei o soro e desliguei o cilindro de oxigênio. Fui à procura da pessoa que me atendeu. Ao encontrá-la, ela me parabenizou por ter fechado o soro. Pediu que eu ficasse com a máscara de oxigênio e voltar dali a 20 minutos para o segundo aerossol. Eu pedi para colocar a máscara que tinha usado para esterilizar e eu usar outra. A resposta que obtive foi que a sala de esterilização não estava funcionando naquele dia.

Ao transcrever este fato, volto ao título deste texto. Tudo aqui relatado só reforça meus medos. E a famosa esperança, onde está? É possível encontrá-la? Eu vejo a esperança não em brancas nuvens nem nas religiões que prometem cura. Uso medicação por saber que é uma forma de me manter bem, mas não tenho a medicação como solução da doença de Parkinson. Minha esperança também não está na aceitação da DP. Sinto esperança na luta diária, cujo objetivo é manter-me ciente. Desejo e luto todos os minutos para chegar ao fim desta travessia de vida com muita autonomia, tanto da parte física, quanto com a consciência preservada dentro do limite da idade.

Aparecida de Goiânia,
23 de janeiro de 2020.

O não aceitar

Desde que me entendo por gente, esta palavra me acompanha: aceitar. Na minha infância, foi muito difícil viver na pobreza. Como não entendia o mecanismo da sociedade na qual uns têm muito e outros tão pouco, e eu estava no meio do tão pouco, só fazia perguntar. Claro, minha mãe respondia, com carinho. Penso que foi a pior fase da minha vida. Mesmo com todo tipo de respostas dadas a mim, muitas vezes ainda me ressinto de minhas condições financeiras.

Desde os meus oito anos de idade, uma frase bíblica sempre me acompanha e me faz questionar tudo: "Eu vim para que todos tenham vida em abundância" (Jesus Cristo). Aí entra na minha vida a não aceitação da Doença de Parkinson. Não quero e não vou aceitar passivamente esta doença que tira lentamente de mim a possibilidade de ser autônoma. É um morrer lento, triste e meio solitário.

Tenho ódio de ter Parkinson desde a primeira possibilidade de estar com esta doença, passando pelo o diagnóstico concreto e chegando até aos dias atuais. Durante mais de uma década com Parkinson, sofri muitas mazelas advindas deste portal aberto para todas as doenças oportunistas.

O ódio é um sentimento complicado que torna a pessoa inquieta, questionadora, pensativa e disposta a não aceitar qualquer situação como definitiva. Tudo isto tem raiz profunda. Eu nunca havia me dado conta de mim mesma. Somente quando passei a escrever estes textos. Ao escrever, muitos sentimentos vão se apresentando involuntariamente. Tem alguns que me invadem e ficam incomodando o dia inteiro. Sendo cristã desde pequena, aprendi que a ira era pecado e que não devia ter ódio de nada nem de ninguém. Porém os sentimentos vão além de mim.

Agora que vislumbro o fim desta coletânea de textos, a qual venho trabalhando para que se torne um livro, tenho a dizer a você que se dispôs a lê-lo: sem perceber fiz uma travessia que foi do ódio à luta. Como a luta está em minha vida em forma de não aceitar nada como definitivo, uma única chance é o suficiente para Deus realizar um milagre e as noventa e nove chances são de minha responsabilidade para correr atrás. Tenho travado duras lutas a respeito do Parkinson. Tenho perdido muitas batalhas,

outras nem sei. Tem aquelas que, quando chega o resultado da batalha, não faz diferença alguma. Tenho ganhado também. A soma das lutas vai me levando dia a dia a sentir que estou bem, sem ser hipócrita e reconhecendo o valor da medicação, da psicanálise, da terapia ocupacional, da associação e a parte mais importante: a família e os amigos. No quesito família e amigos, graças a Deus estou bem servida.

O ódio gerou dentro de mim a sede de luta. Tanta luta e sofrimento foram dando lugar à esperança. Nunca vou saber a data do nascimento da esperança. Não conheço muito este sentimento, pois ele é distante, de aparências inatingíveis, mas para mim é a chance de chegar com autonomia até ao momento de fazer a grande viagem para os braços do Pai Eterno.

Aparecida de Goiânia,
24 de janeiro de 2020.

Leitor

Hoje pensei: terminou. Fim. Agora, daqui para frente, caso eu venha a escrever um texto, será para diversão ou para desabafo. Sinto uma espécie de alegria diferente de tudo o que já havia sentido. Sei que faltam as outras etapas. Mas a criança nasceu.

Cheguei à conclusão de que falei muito pouco da esperança. Esperança: não é certeza, não é receita de nada, tampouco se apresenta como caminho a ser percorrido.

É neste momento que gostaria de ter uma ajuda dos céus para que eu venha instaurar em você, leitor, a vontade de colocar o seu final. Principalmente se você é irmão no Parkinson. Acredito que todas as pessoas têm histórias para contar. Quem sabe isto aconteça e muitos venham a escrever outros finais. Jorge Amado foi o autor brasileiro que mais escreveu livros com os finais abertos. Reverencio o mestre.

    A palavra esperança deixa a entender que sua construção vem da junção das palavras espera + alcança. Este sentimento é uma crença no que está relacionado ao sagrado, independente se você crê ou não em Deus. A esperança é uma palavra feminina, é um sentimento forte, não fantasioso, inatingível, porém companheira nas tribulações e nas travessias da vida. Acredito e tenho segurança na hora do início à grande viagem rumo ao paraíso.

    Agradeço, claro, sempre em primeiro lugar, ao nosso Deus. Em se tratando do livro, acreditem, tenho grande gratidão a todos que me ajudaram nesta jornada. A vocês, leitores e leitoras, minha gratidão especial por terem adquirido o meu livro. Quero que este livro encontre abrigo em seus corações, mas não para ser moradia, porém para que cada texto possa abrir pelo menos um sorriso. O que desejo mesmo é que os textos escritos por mim te estimulem a não se entregar ao Parkinson e às suas mazelas.

    MUITO OBRIGADA.

REFERÊNCIAS

BARRETO, Lima. O Cemitério dos Vivos. São Paulo: Companhia das Letras, 2017.

BETTLELHEIM, Bruno. A Psicanálise dos Contos de Fadas. Tradução de Arlene Caetano. 16 ed. Rio de Janeiro: Paz e Terra, 2002.

BOFF, Leonardo. Espiritualidade. São Paulo: Sextante, 2003.

FOUCAULT, Michel. O corpo utópico, as heterotopias. Posfácio de Daniel. Defert. São Paulo: Edições n-1, 2013.

FOUCAULT, Michel. O Nascimento da Clínica. Tradução: Roberto Machado Forense. Rio de Janeiro: Universitária, 1977.

KAFKA, Franz. A metamorfose. Tradução: Modesto Carone. São Paulo: Companhia das Letras, 1997.

KAFKA, Franz. Carta ao pai. Tradução: Modesto Carone. São Paulo: Companhia das Letras, 1997.

PARKINSON. Significado. Disponível em: https://www.dicio.com.br/parkinson/

Impresso em papel polen soft,
tipologia Garamond 12/14, no verão de 2021.

Impresso em papel polen soft,
tipologia Garamond 12/14, no verão de 2021.